Yann Andréa

Diese Liebe

Aus dem Französischen von
Andrea Spingler

Suhrkamp

Die Originalausgabe erschien 1999
unter dem Titel *Cet Amour-là*
bei Pauvert, département de la Librairie Fayard, Paris.

Umschlagabbildung:
Marguerite Duras und Yann Andréa.
Foto: © Dominique Issermann, Paris

Deutsche Erstausgabe
suhrkamp taschenbuch 3173
Erste Auflage 2000

Druck: Nomos Verlagsgesellschaft, Baden-Baden
Printed in Germany
Umschlag nach Entwürfen von
Willy Fleckhaus und Rolf Staudt

1 2 3 4 5 6 – 05 04 03 02 01 00

Der jungen ersten Leserin
aus der Rue de Lille, Katia

Darüber möchte ich sprechen: über die sechzehn Jahre zwischen dem Sommer 1980 und dem 3. März 1996. Diese mit ihr verlebten Jahre.

Ich sage: mit ihr.

Ich habe immer Schwierigkeiten, das Wort zu sagen. Ich konnte ihren Namen nicht sagen. Nur schreiben. Ich konnte sie nie duzen. Manchmal hätte sie es sich gewünscht. Daß ich sie duze, daß ich sie bei ihrem Vornamen nenne. Es kam mir nicht über die Lippen, ich konnte nicht. Ich tat alles, um das Wort nicht aussprechen zu müssen. Für sie war das schmerzlich, ich wußte es, ich sah es, dennoch konnte ich mich nicht überwinden. Ein oder zwei Mal habe ich sie, glaube ich, aus Versehen geduzt. Und ich sehe ihr Lächeln. Kindlichkeit. Vollkommene Freude. Daß ich mich zu dieser Nähe habe hinreißen lassen.

Diese Unmöglichkeit, den Namen zu sagen, kommt wohl daher: ich habe ihn, den Namen und den Vornamen, zunächst gelesen, betrachtet. Und dieser Name hat mich sofort bezaubert. Dieser Nom de plume. Dieser Leihname. Dieser Autorenname. Er gefiel mir ganz einfach. Dieser Name gefällt mir außerordentlich.

So ist es.

Das erste Buch von ihr habe ich in Caen gelesen, jener Stadt, in der ich im Lycée Malherbe die Philosophieklasse besuchte: *Die Pferdchen von Tarquinia*. Es war in der Wohnung, wo ich mit Christine B. und Bénédicte L. wohnte. Das Buch muß Bénédicte gehört haben. Ich las es zufällig. Es lag auf dem Boden in einem Durcheinander von Büchern. Es war wie Liebe auf den ersten Blick. Wir fingen an, Campari zu trinken. Ich wollte nur noch Campari trinken. Das bekam man nicht so leicht in den Kneipen von Caen.

Die Pferdchen von Tarquinia, das ist also die erste Begegnung, die erste Lektüre, die erste Leidenschaft. Und dann habe ich alles aufgegeben, all die anderen Bücher, Kant, Hegel, Spinoza, Stendhal, Marcuse und die anderen. Ich begann alles zu lesen, alle Bücher von ihr, die Titel, die Geschichten, alle Wörter.

Und der Name der Autorin bezaubert mich mehr und mehr. Ich schreibe ihn von Hand auf ein weißes Blatt, und manchmal versuche ich zu unterschreiben wie sie.

Ich erinnere mich nicht, wann ich das Gesicht zu diesem Namen entdeckt habe. Ich weiß nicht mehr, wann ich zum erstenmal ein Foto von ihr gesehen habe.

Ich habe alle anderen Bücher weggelegt, um nur die Bücher von ihr zu lesen. Der Autorin, von der ich nichts weiß, die ich nicht kenne. Niemand hat mir gegenüber ihren Namen erwähnt. Und seitdem habe ich sie nicht mehr verlassen. Es war geschehen. Ich bin ein absoluter Leser: ich habe jedes Wort, das da geschrieben stand, sofort geliebt. Jeden Satz. Jedes Buch. Ich las, ich las noch einmal, ich schrieb ganze Sätze ab, ich wollte dieser Name sein, abschreiben, was von ihr geschrieben worden war, verschmelzen, eine Hand sein, die ihre Wörter abschreibt. Duras wird für mich das Schreiben selbst.

Und ich trinke Campari.

Es gibt eine wunderbare Übereinstimmung zwischen dem, was ich lese, und dem, was ich bin, was ich noch bin. Eine Übereinstimmung zwischen ihr und mir. Dem Namen Duras und mir, Yann.

Bei der Lektüre bin ich scheu, ich kann nicht darüber sprechen, mit niemandem, ich habe Angst, darüber zu sprechen. Angst, daß die anderen sich lustig machen. Daß die anderen die Bücher nicht mögen oder nicht genug oder nicht, wie es sich gehört. Lieber schweige ich, behalte es für mich und lese. Allein. Versteckt. Verschämt.

Schon will ich sie für mich behalten, schon will ich sie beschützen, schon ist sie bei mir, und sie weiß es noch nicht. Ich bin ein Leser. Der erste Leser, denn ich liebe alle Wörter, vollständig, ohne jede Einschränkung. Und diesen Namen mit fünf Buchstaben, DURAS, den liebe ich über alles. Es ist mir passiert. Ich habe sie nicht mehr verlassen, und ich kann sie nicht verlassen. Nie. Und sie mich auch nicht.

Ich weiß noch nicht, daß die Geschichte bereits angefangen hat.

1975. Im Kino Lux in Caen zeigt man *India Song*. Sie kommt zu einer Diskussion nach der Vorführung. Das war damals Mode, die Regisseure unterhielten sich mit dem Publikum, es mußte diskutiert werden. Ich will einen riesigen Blumenstrauß kaufen. Ich traue mich nicht. Ich schäme mich. Wie soll ich vor einem vollen Saal Blumen übergeben, wie soll ich es wagen, dem Lächeln, dem Spott und den Anzüglichkeiten zu trotzen? Ich kaufe keine Blumen. Ich habe *Zerstören, sagt sie* in der Tasche. Ich hoffe auf ein Autogramm. Das Licht geht an. Und sie ist da. Sie trägt die braune Lederweste, die der Produzent des Films ihr geschenkt hat, den berühmten Hahnentrittrock und Weston-Stiefeletten. Jenen Rock, den sie zwanzig Jahre lang tragen wird. Und jene Weste, die sie mir zum Anziehen geben wird, jene wunderbar weiche Lederweste, die sie mir borgen wird.

Yann, ich kann mich nicht davon trennen, ich kann sie Ihnen nicht schenken, diese Weste, ich liebe sie zu sehr, ich borge sie Ihnen gern ab und zu, wenn Sie mit mir ausgehen.

Das sagt sie mir Jahre später.

Ich sitze in der ersten Reihe, ihr direkt gegenüber. Ich stelle eine Frage, ich komme durcheinander, sie lächelt, sie hilft mir, sie tut, als wäre es eine tolle Frage, und sie antwortet. Was, weiß ich nicht. Ich habe nichts verstanden. Ich habe Angst um sie, als ich sie da vor diesem vollen Saal stehen sehe. Angst, daß dieser Film, *India Song,* nicht gefällt, als wäre das möglich, als könnte es sein, daß man ihr wehtut. Und ich sehe, daß sie leidet, daß für sie dieser Film mehr ist als ein Film, daß sie diesen Film liebt, als wäre nicht sie es, die ihn gemacht hat. Sie ist vernarrt in diesen Film, in den Schrei des Vizekonsuls, in die Stimme von Delphine Seyrig, in das rote Kleid Anne-Marie Stretters, in die Tangos von Carlos d'Alessio, sie liebt *India Song* über alles, dieses heruntergekommene Palais am Rand des Bois de Bologne, am Rand Indiens. Kalkutta, hier, in Frankreich. Und ich sehe es, ich sehe sie. Sie hat Angst, daß man diese Bilder, diese Wörter und diese Musik beschädigt. Ich habe Angst, und ich möchte ihr Blumen überreichen, damit alle schweigen. Damit wir allein sind in diesem Kinosaal. Mit *India Song*. Sie und ich.

Die Fragen haben aufgehört. Etwa zehn Studenten umringen sie noch. Ich gebe ihr *Zerstören* zum Signieren. Sie signiert. Ich sage: Ich möchte Ihnen schreiben. Sie gibt mir eine Adresse in Paris. Sie sagt: Sie können mir an diese Adresse schreiben. Dann: Ich habe Durst, ich habe Lust auf ein Bier. Wir gehen in ein Bistro beim Bahnhof. Sie trinkt ein Bier. Darauf: Ich fahre zurück nach Trouville. Junge Leute sind bei ihr. Einer von ihnen steuert das Auto, in dem sie wegfährt. Sie läßt mich zurück in diesem Bistro gegenüber dem Bahnhof von Caen, das Le Départ heißt, Abreise. Ich bleibe mit den anderen noch ein bißchen in der Kneipe. In der Tasche habe ich *Zerstören* mit einem Autogramm und eine Adresse: 5, Rue Saint-Benoît, Paris, 6. Arrondissement.

Und dann geht es los. Schon am nächsten Tag schreibe ich einen Brief, und ich höre nicht mehr auf. Ich schreibe die ganze Zeit. Kurze Mitteilungen, mehrmals täglich. Manchmal schreibe ich eine Weile nicht, und dann fange ich wieder an, schreibe einen neuen Brief, ich lese nie durch, was ich geschrieben habe, ich werfe den Brief sofort ein. Ich will nichts behalten. Ich schicke ihr stapelweise Briefe. Ich hoffe nicht auf Antwort. Es ist keine Antwort zu erwarten. Ich erwarte nichts. Ich warte. Ich schreibe weiter an diese Adresse, in diese Straße, die ich nicht kenne, in diese Wohnung, die ich nicht kenne. Ich weiß nicht einmal, ob sie all die Briefe liest. Ich denke gar nicht darüber nach. Ich schreibe an die Autorin der Bücher, diese Frau, die ich in einem Kinosaal gesehen habe, nach *India Song*.

Jeanne Moreau singt das Märchen dieser Liebe. Ich kaufe die Schallplatte. Ich höre nur noch das. Die Stimme der Moreau und diesen Tango von Carlos d'Alessio. Ich bin verzaubert. Ich singe. Ich erwarte keine Briefe von ihr. Und doch, ich warte trotzdem. Daß sie es tut. Daß sie sich die Mühe macht, mir zu schreiben. Nicht zu antworten. Nein. Aber vielleicht ein paar freundliche Zeilen zu verfassen, etwas Höfliches, ich danke Ihnen, es freut mich sehr usw. Nein. Nichts. Es ist eben nicht ihre Art, freundliche, nette Briefchen zu schreiben, ganz und gar nicht. Ich sollte es wissen, ich lese ja ihre Bücher. Ich gebe mich dieser Naivität hin: eines Tages wird sie mir etwas schreiben.

Ich lese weiter. Ich gebe jede andere Lektüre, jede andere Aktivität auf, ich gehe nicht mehr in die Vorlesungen, ich tue nichts mehr, abends trinke ich Whisky. Ich bin umgezogen, ich wohne mit Bénédicte L. und Patrick W. in der Rue Eugène-Boudin in Caen, dem Friedhof gegenüber. Patrick und ich, wir lieben beide Bénédicte. Sie will uns nicht mehr sehen. Sie bereitet sich mit Franck L. aufs Examen vor, manchmal begegnen wir ihm in der Wohnung. Wir mögen ihn nicht. Er uns auch nicht. Bénédicte kommt nicht mehr spätabends mit zu Mona, um Gin Tonic zu trinken und Julio Iglesias zu hören: *Et toi non plus tu n'as pas changé*. Und Adamo: *Tombe la neige, tu ne viendras pas ce soir*. Nein, sie ist seriös geworden, sie lernt. Und sie wird das Examen auf Anhieb bestehen und einen Mann und Kinder und ein schönes Haus haben. Inzwischen will sie uns nicht mehr sehen, weder mich, noch Christine, noch Patrick. Diejenige, die Duras vor mir gelesen hat, die *Die Pferdchen von Tarquinia* gekauft hatte, dieses Mädchen mit dem schwarzen Haar will mich nicht mehr sehen. Liest sie weiterhin Duras? Liebt sie mich immer noch? Warum nicht? Es ist möglich.

Ich schreibe weiter. In die Rue Saint-Benoît Nr. 5. Immer noch nichts, nicht die kleinste Zeile. Und dann schickt sie mir 1980 *Der Mann im Flur*. Zum erstenmal geschieht es: ich mag das Buch nicht so, das heißt, ich verstehe es nicht, ich frage mich, was das soll, diese Sex-Geschichte, dieser Einbruch des Körperlichen. Ich bin schockiert, ein zurückgebliebener, armer Naivling, ich will nicht verstehen. Ich weiß nicht, wie ich ihr das sagen soll. Ich will nicht lügen. Ich kann nicht. Sie würde es sofort merken. Ich antworte nicht. Ich höre auf zu schreiben. Ich erhalte ein zweites Buch. Mit der Bemerkung: Ich glaube, Sie haben das erste Exemplar nicht erhalten. Ihre Adresse hat sich wieder geändert. Ich sage nichts. Ich schreibe nicht mehr.

Und dann bekomme ich *Das Nachtschiff*, und die drei *Aurélia Steiner* und *Die negativen Hände*.

Der blaue Einband von Mercure de France. Ich bin verrückt. Verrückt vor Liebe. Ich fahre nach Paris, um in der Pagode, Rue de Babylone, *Le Navire Night* zu sehen. Ich sage mir, sie wird im Zuschauerraum sitzen. Ich gehe ins Theater, um mir das Stück in der Inszenierung von Claude Régy mit Bulle Ogier, Michael Lonsdale und Marie-France Pisier anzuschauen. Den Film sehe ich mehrmals. Die Liebenden von Neuilly. Und zum erstenmal gehe ich in die Rue Saint-Benoît. Ich gehe an der Nr. 5 vorbei. Ich habe Angst, ihr zu begegnen. Was soll ich dann tun, was sagen.

Nichts. Ich steige wieder in den Zug nach Caen.

Und endlich bekomme ich einen Brief von ihr: Ich war krank, es geht mir besser, eine Alkohol-Geschichte, es geht mir besser, ich habe gerade *Aurélia Steiner* fürs Kino beendet, ich glaube, einer der Texte ist für Sie. Sie sagt nicht, welcher. Ob es sich um Aurélia Paris oder Aurélia Vancouver handelt.

Sie schreibt mir: Ich habe diesen Text, *Aurelia Steiner*, für Sie geschrieben. Ich kenne Sie nicht. Ich lese alle Ihre Briefe. Ich bewahre sie auf. Es geht mir besser. Ich habe aufgehört zu trinken. Ich werde mich folgendermaßen beschäftigen: mit Filmemachen. So werde ich weniger allein sein.

Ich fange wieder an, ihr zu schreiben, mehrmals am Tag, ich werde verrückt, ich trinke viel Whisky. Bénédicte kommt fast nie mehr in die Wohnung. Patrick ist unglücklich, auch er ist seltener da. Wenn er da ist, trinken wir zusammen. Ich schreibe Gedichte. Kurze Texte. Auf einer alten Maschine, die mir Bénédicte geliehen hat. Ich entwickle eine heftige Leidenschaft für diese graue Maschine. Ganze Abende lang tippe ich ein paar Worte. Ich finde einen prima Titel: *Köstlicher Schmerz*. Wir trinken. Ich nehme Mandrax zum Schlafen. Am Nachmittag stehe ich auf. Ich höre *India Song*. Ich bin allein in der Wohnung in der Rue Eugène-Boudin.

Eines Tages sagt mir Bénédicte, ich müsse gehen, die Wohnung verlassen, ihr Bruder werde nach Caen kommen, um Medizin zu studieren, er werde hier einziehen, in das Zimmer, das ich bewohne.

Ich gehe. Ich finde ein möbliertes Zimmer. Bei mir habe ich ein paar Bücher in einem Metallkoffer.

Und, ja, dann schaffe ich es. An einem Tag im Juli 1980 rufe ich in Trouville an. Ich weiß, daß sie da ist. Ich lese jede Woche die Chronik in *Libération*, sie spricht von Polen, von Gdansk, sie spricht von dem Kind mit den grauen Augen, vom Kopf des Kindes, offenbar wie eine mathematische Lösung, von der jungen Betreuerin. Ich bin sicher, daß sie mir schreibt. Daß diese Geschichte für mich ist.

Ich rufe an. Ich sage: Hier ist Yann. Sie spricht. Es dauert lange. Ich habe Angst, nicht genug Geld zu haben, um das Gespräch zu bezahlen. Ich bin in der Hauptpost von Caen. Ich kann ihr nicht sagen, sie solle aufhören zu reden. Sie vergißt die Zeit. Und sie sagt: Kommen Sie nach Trouville, es ist nicht weit von Caen, wir trinken ein Glas Wein zusammen.

Am 29. Juli 1980 nehme ich den Bus nach Trouville. Er hält vor dem Bahnhof von Deauville. Ich gehe über den Plankenweg. Ich komme zum Roches Noires, ich schaue nicht links und nicht rechts, ich steige die Stufen der großen Treppe hinauf und stehe auf der Straßenseite vor dem Hotel. Ich weiß nicht, wo das Appartement ist. Ich wage nicht zu schauen, den Kopf zu heben. Einen Schirm unterm Arm, obwohl es überhaupt nicht regnet. Ich weiß nicht, was ich damit tun soll. Ich gehe in eine Telefonzelle, rufe an. Sie sagt: Wir sehen uns in zwei Stunden, wenn Sie wollen, ich arbeite, es ist schwierig, ich komme nicht zurecht. Zwei Stunden später rufe ich wieder an. Es ist Spätnachmittag. Sie sagt, ich bin noch nicht fertig, rufen Sie mich um sieben Uhr wieder an und kaufen Sie eine Flasche Rotwein in der Rue des Bains. Sie nennt den Namen des Lebensmittelgeschäfts: es ist das beste von Trouville. Sie sagt: Haben Sie verstanden, werden Sie es nicht verwechseln? Ich gehe in die Rue des Bains, ich erkenne das Geschäft, ich kaufe einen gewöhnlichen Bordeaux und betrete damit die Halle des Roches Noires. Es muß tatsächlich gegen sieben Uhr sein. Und immer noch dieser blöde Schirm.

Es ist im ersten Stock, Sie können sich nicht verirren, es ist am Ende des Flurs, rechts von dem großen Spiegel.

Ich klopfe an die Tür. Sie macht auf. Sie lächelt. Sie küßt mich auf die Wangen. Sie sagt: Wissen Sie, daß es eine Klingel gibt. Wenn man klopft, hört man nichts.

Ich öffne die Weinflasche. Der Wein ist sehr schlecht, er schmeckt nach Korken. Sie redet, ich höre zu. Sie sagt: Diese Chronik jede Woche, das ist schwierig, jedesmal glaube ich, daß ich es nicht schaffe. Wir trinken. Sie redet. Ich bin da. Ich bin in diesem Appartement des Roches Noires. Sie sagt zu mir, schauen Sie, es ist sehr schön, und es gibt zwei Bäder, ein unerhörter Luxus, Proust kam mit seiner Großmutter hierher, bevor sie im Grand Hôtel von Cabourg abstiegen, er mietete sich auf der Seeseite ein. Ich bevorzuge die Seite zum Hof. Den ganzen Tag das Meer, Tag und Nacht, das ist unmöglich.

Ich sage nichts, ich höre zu. Und sie sagt: Sehen Sie, das Schönste von allem, der Balkon. Und gegenüber Le Havre, der Ölhafen, und all die Lichter der Nacht, es ist wie ein Dampfer, der auf uns zukommt und sich nicht bewegt. Ich liebe diesen Balkon und diese Schlote, diese kristallenen Lichter.

Und dann ist es plötzlich zehn Uhr. Sie sagt: Sie müssen Hunger haben, ich habe nichts da, gehen Sie ins Central, das ist sehr gut, ich werde meinen Text für Libé noch einmal durchlesen. Ich wage mich nicht ins Central, ich mache einen Rundgang durch Trouville, zum Casino, zu den Kais, zum Fischmarkt. Gegen elf Uhr kehre ich zurück. Sie sagt: War's gut? Und ich: Es gab keinen Platz. Da lacht sie: Das ist immer so an diesen Orten in dieser Jahreszeit, na gut, ich habe noch etwas kaltes Huhn. Ich esse. Und sie sagt: Sie werden kein Hotelzimmer bezahlen, im übrigen ist alles überfüllt, das Zimmer meines Sohnes steht leer, er ist nicht da, sie können dort schlafen. Es gibt zwei Betten. Sie sagt: Wir machen eine Tour nach Honfleur. Ich will Ihnen die Pracht von Le Havre zeigen. Die Lichter. Es ist das Schönste auf der Welt. Sie fährt. Einen Peugeot 104. Sie zeigt mir alles. Es ist Nacht. Ich sage zu allem ja, was sie sagt.

Man wird dieses Schauspiels nicht müde, eines Tages werde ich es filmen, all diese Lichter aufnehmen.

Und dann fängt sie an zu singen, Piaf, *La vie en rose*, und auch ich singe, sie sagt: So falsch zu singen, das ist unglaublich, ich werde es Ihnen beibringen. Und wir singen beide *La vie en rose*. Und wir kommen wieder in die Halle des Roches Noires. Wir setzen uns in die großen Sessel vor den Spiegeln, vor den auf den Atlantik hinausgehenden Panoramafenstern. Diese legendäre Halle. Sie möchte ein Glas Wein trinken, ich hole die Flasche von oben. Sie sagt: Das ist ein außergewöhnlicher Platz hier, diese Stille. Hören Sie. Ich sage ja. Wir trinken. Dieses Meeresrauschen in der Stille der Halle. Wir gehen wieder hinauf ins Appartement. Sie gibt mir Bettwäsche. Sie küßt mich auf die Wangen.

Ich bin hier. Mit ihr. Ich bleibe. Ich verlasse Sie nicht. Ich bleibe. Ich bin mit Ihnen eingeschlossen in diesem Appartement über dem Meer. Ich schlafe im Zimmer Ihres Sohnes, im zweiten Bett. Sie schlafen in dem großen Zimmer auf der Hofseite. Und sehr bald bin auch ich bei Ihnen im schwarzen Zimmer. Wir trennen uns nicht. Wir trinken. Ich bleibe. Ich tippe die Chroniken für Libé. Sie diktieren. Ich habe Angst, nicht richtig folgen zu können, ich kann nicht gut tippen, mit drei Fingern, sie lacht, sie sagt, ich habe noch nie jemanden mit zwei Fingern so schnell tippen sehen. Und wir sind da bei dem Kind mit den grauen Augen und der jungen Betreuerin und Polen und den Mozart-Nächten und dem Ritornell, *ich liebe dich schon lange, niemals, niemals vergeß ich dich,* und wir trinken Wein, und wir fahren nach Honfleur, und wir lachen, und wir singen Piaf. Sie sagt: Es geht schon besser, Ihre Stimme klingt nicht mehr so falsch, Sie werden es schaffen.

Manchmal schließen Sie sich in Ihrem Zimmer ein. Ich warte im Salon, ausgestreckt auf dem Sofa voller Kissen. Ich betrachte die hohen Fenster, das blasse Rosa der Vorhänge, die von der Sonne all der Sommer ausgebleicht sind. Ich tue nichts. Ich decke den Tisch.

Ich warte.

Derart nichts zu tun, das ist unglaublich, aber es ist nicht schlecht, waren Sie immer so?

Im September 1980 erscheinen die wöchentlichen Chroniken für Libération im Verlag Minuit. Das Buch heißt *Sommer 1980*. Es ist mir gewidmet. Von nun an trage ich den Namen Yann Andréa.

Den Namen des Vaters läßt sie weg. Den Vornamen behält sie bei, Yann, das heißt Johann, Johannes der Täufer, mein Namenstag ist der 24. Juni. Und sie fügt den Vornamen meiner Mutter hinzu: Andréa. Es ist sicher der wiederholte Vokal, das A, die Assonanz, was sie veranlaßt, den Vornamen meiner Mutter zu wählen. Sie sagt: Mit diesem Namen können Sie beruhigt sein, jedermann wird ihn behalten, man kann ihn nicht vergessen.

Sie hatte den Namen des Vaters, Donnadieu, abgelegt und den Namen des Ortes Duras angenommen, eines Dorfes im Département Lot-et-Garonne in der Nähe des väterlichen Hauses in Pardaillan. Wir haben beide Leihnamen, Noms de plume, falsche Namen, die wahr werden, weil sie von ihr ausgewählt und geschrieben wurden. Sie ist es nämlich, die sie schreibt, und so die geistige Herkunft verordnet.

Alles kann beginnen, denn sie hat mir einen Namen gegeben, und dieser Name steht in einem Buch, *Sommer 1980*.

Ein paar Monate später dreht sie *Agatha*, diese Liebesgeschichte zwischen Bruder und Schwester. Der vollständige Titel des Films lautet: *Agatha ou les lectures illimitées*. Es ist auch ein Theaterstück. Der Film wird in Trouville gedreht. Bulle Ogier spielt die Schwester und ich den Bruder. Die Off-Stimme der Schwester wird von Duras gesprochen, die des Bruders von mir.

Die Dreharbeiten sind schrecklich. Ich kann nichts, ich verstehe nichts, ich kann nicht gehen, sie läßt mich stundenlang die Halle des Roches Noires durchqueren, ich weiß nicht mehr, wie ich mich vorwärtsbewegen soll. Sie schreit, sie will, daß ich auf ihre Art, in ihrem Schritt gehe, aber es gelingt mir nicht, schließlich setzt sie mich in einen Sessel und filmt mich von ganz nah, das Gesicht, nur das Gesicht. Ich schaue in die Kamera, und sie spricht zu mir, sie sagt mir den Text von *Agatha*, jener Liebe zwischen Bruder und Schwester. Die Einstellungen werden für den Film *L'Homme Atlantique* benutzt werden. Dieser Film ist fünfzig Minuten lang und völlig schwarz. Man hört ihre Stimme, nur ihre Stimme, ihre Duras-Stimme in der Dunkelheit des schwarzen Bildes, und manchmal erscheint mein Gesicht, sie spricht zu mir, sie sagt, wer ich bin, sie versucht, etwas von mir zu verstehen, von dieser Person, die Yann heißt. Sie spricht, sie schreibt, sie spricht zu mir, sie holt mich aus der Dunkelheit, sie läßt mich allein im Sessel sitzen, allein in der Halle des Roches Noires in Trouville, allein vor dem Meer, dem Atlantischen Ozean.

Wer sind Sie? sagt sie.

Der Film wird in einem einzigen Kino in Paris gezeigt, im Escurial am Boulevard de Port-Royal. Sie schreibt einen Artikel in *Le Monde*. Sie sagt in diesem kurzen Text, wie man zu diesem Kino kommt, sie nennt die Nummern der Busse, die Anfangszeiten, und sie sagt auch: Gehen Sie bloß nicht hin, der Film ist nichts für Sie. Sie können das nicht verstehen. Gehen Sie nicht hin.

Warum? Ich glaube zu verstehen: Sie will diesen Text, diesen Film, die Stimme, das Bild, mein Gesicht ganz für sich allein behalten. Sie erträgt es nicht, daß jemand mich anschauen kann, sehen kann, was sie von mir sieht. Nein, sie erträgt es nicht. Sie leidet. Sie hat auch Angst, ausgelacht zu werden. Sie hat Angst vor allem. Und doch erscheint der Text im Verlag Minuit, und der Film wird auf den Festivals in der ganzen Welt herumgereicht.

Sie sagt: Es ist das Schönste, was ich geschrieben habe. Es ist mein schönster Film. Sie sind wunderbar. Sie müssen so bleiben, wie Sie sind, dieser verlorene Blick, dieser Blick, der nicht weiß, nichts, ich aber, ich weiß etwas, und ich nenne Sie Atlantik Mann, das sind Sie von nun an. Ich sage es Ihnen. Sie müssen mir glauben.

Ich bin in Tränen aufgelöst, als ich die letzte Fassung des Textes lese, ich sehe etwas von mir, das nicht ich sein soll, so als dürfte ich tatsächlich nichts davon wissen. Sie sagt: Nein, weinen Sie nicht, es ist nicht traurig, überhaupt nicht, keinesfalls. Es geht um Sie und nicht um Sie, vergessen Sie Ihre Person, das hat keine Bedeutung. Man soll sich nicht für einen Helden halten. Sie sind nichts. Das gefällt mir. Bleiben Sie so. Verändern Sie nichts. Bleiben Sie. Wir werden zusammen lesen.

Und ich lese laut die Seiten von *Atlantik Mann*, ich weine nicht mehr, und sie hört zu, sie tut nur das, sie hört die von ihr geschriebenen und von mir gelesenen Worte, und nichts existiert mehr, außer dieser Stimme, diesen Worten und diesem Blick, der schaut. Wohin? Sie sagt: Es ist wunderbar. Ich liebe Ihre Stimme. So muß man diesen Text sprechen.

Sie ist den Tränen nahe. Sie sagt: Man muß keine Angst haben zu weinen, los, weinen wir.

Wir sind bis November in Trouville geblieben. Trouville wie ausgestorben. Das Roches Noires leer. Nur wir. Sie sagt: Sehen Sie, wir haben das Hotel für uns, das ist fabelhaft. Und spätabends trinken wir in der Halle Rotwein. Wir machen nächtliche Spazierfahrten, immer die gleiche Strecke, entweder nach Honfleur oder nach Cabourg. Sie sagt: Das ist das schönste Land der Welt, schauen Sie.

Sie bringt mir das Autofahren bei: Ich habe es satt zu fahren, ich möchte, daß Sie fahren.

Ich lerne es. Immer häufiger übernehme ich das Steuer. Sie weist mir den Weg: Biegen Sie rechts ab, fahren Sie langsamer, Sie stellen sich gar nicht so dumm an. Und wir trinken immer mehr. Wir machen in Kneipen halt. Ich trinke Whisky, sie immer Rotwein. Sie sagt: Hochprozentiges, das ist vorbei, ich vertrage nur noch Wein.

Manchmal fährt sie nach Paris. Mich läßt sie im Roches Noires. Ich warte. Sie kommt wieder. Sie will mich nicht zeigen. Sie sagt: Es ist nicht nötig. Sie haben nichts zu tun in Paris, hier haben Sie es sehr bequem, in diesem wunderschönen Appartement, wo Sie nichts tun.

Sie sperrt mich im schwarzen Zimmer ein. Erträgt es nicht, daß jemand anderes mich anschauen kann. Sie will die Einzige sein. Die allen, die aller Welt vorgezogen wird. Und ich bin gleichermaßen der Einzige.

Wir gefallen uns.

Wir gefallen uns außerordentlich.

Wir gefallen uns absolut. Wir gefallen uns für immer, für immer und ewig. Wir wissen es. Wir sagen es nicht. Bloß nicht sagen. Nur schreiben. Bücher schreiben, Geschichten, Liebesgeschichten. Leben, als wäre es nur, um

Bücher zu schreiben, obwohl wir wissen, daß es nicht das ist, was geschrieben wird, und doch müssen wir da durch, durch dieses Leben in Trouville, zusammen sein, Szenen machen, uns weh tun, als wäre das notwendig, und das ist es wohl, ich verstehe es nicht ganz. Aber da sie es tut, da sie es sagt, muß es stimmen. Ich weiß nichts. Ich bin verloren. Ich sehe nicht mehr den Unterschied zwischen den Büchern, die entstehen, und dieser Geschichte, dieser Geschichte zwischen ihr und mir. Sie sagt: Da gibt es nichts zu verstehen, hören Sie auf damit, spielen Sie nicht immer das Kind.

Wir kaufen die Platte von Hervé Vilard: *Capri c'est fini.* Sie liebt das. Sie sagt: Es ist das schönste Chanson der Welt. Und wir singen. Es ist niemand im Roches Noires. Stundenlang. Und plötzlich ist Schluß: Yann, wir fahren nach Honfleur und sehen uns die Lichter von Le Havre an.

Eines Abends, ich weiß nicht, wie es angefangen hat, packt sie alle meine Sachen in einen Koffer und wirft den Koffer aus dem Fenster. Sie sagt: Ich ertrage Sie nicht mehr, Sie müssen sofort weg, nach Caen zurück, es ist aus. Sie küßt mich auf die Wangen. Ich nehme unten im Hof den Koffer an mich und gehe los. Sie steht auf dem Balkon. Sie sagt: Yann, nehmen Sie das. Sie wirft etwas, und ich sehe, daß es die Platte von Hervé Vilard ist. Ich gehe bis zum Bahnhof von Deauville. Es muß Mitternacht sein, ich nehme ein Taxi und fahre nach Caen ins Hotel Le Métropole beim Bahnhof. Ich betrachte die Plattenhülle, das Gesicht von Hervé Vilard, und sehe, daß darauf steht: Leb wohl, Yann, für immer. Unterschrift: Marguerite. Ich rufe im Roches Noires an.

Sie sagt: Nein, es ist zu schwierig, ich ertrage Sie nicht mehr, es ist aus. Kommen Sie nicht zurück.

Am nächsten Morgen nehme ich ein Taxi und klopfe an die Tür. Sie macht auf. Sie sagt: Man setzt Sie vor die Tür, und Sie kommen wieder, Sie haben keinerlei Würde. Unglaublich, so ein Kerl, unmöglich. Wir küssen uns. Wir trinken ein Glas Wein. Sie sagt: Ich hoffe, Sie haben die Platte nicht vergessen.

Und im Roches Noires läuft wieder und noch viele Male *Capri c'est fini*. Es gibt nichts Schöneres, sagt sie.

Ich fahre drei Tage zu meiner Mutter, die zu der Zeit mit ihrem Mann im Departement Deux-Sèvres wohnt. Meine Mutter versteht sofort, daß diese Geschichte eine Geschichte ist, die nicht enden kann. Und das Großartige ist, daß sie das normal findet, vollkommen normal, es ist für sie etwas Offensichtliches und Notwendiges. Sie sagt es mir nicht gleich, sie wird es mir später sagen.

Ich kehre nach Trouville zurück. Wir verabreden uns in einer Bar beim Bahnhof, dem Nautica. Sie kommt. Sie ist geschminkt. Eine dicke Schicht Make-up, knallroter Lippenstift. Eine Nutte. Sie lächelt. Sie ist hundert Jahre alt. Tausend Jahre alt. Genauso ist sie fünfzehneinhalb und wird den Fluß überqueren, und das schöne Automobil des Chinesen wird sie durch die Reisfelder bis zum Lycée Chasseloup-Laubat in Saigon fahren.

Wir sind da. Wir trinken Rotwein. Sie sagt: Ich werde Ihnen Barneville-la-Bertrand zeigen. Ich mag diesen Namen sehr, la Bertrand.

Sie sagt: Lieben Sie mich? Ich antworte nicht. Ich kann nicht. Sie sagt: Wenn ich nicht Duras wäre, hätten Sie mich niemals angesehen. Ich antworte nicht. Ich kann nicht. Sie sagt: Sie lieben nicht mich, Sie lieben Duras, das, was ich schreibe. Sie sagt: Schreiben Sie, ich liebe Marguerite nicht. Sie gibt mir einen Stift, ein Blatt Papier und sagt: Los, schreiben Sie, dann ist es erledigt. Ich kann nicht. Ich schreibe nicht, was sie von mir verlangt, was sie nicht lesen will. Sie sagt: Yann, wenn ich kein Buch geschrieben hätte, würden Sie mich dann lieben. Ich schlage die Augen nieder. Ich antworte nicht. Ich kann nicht. Sie sagt: Aber wer sind Sie, ich kenne Sie nicht, ich weiß nicht, wer Sie sind, was machen Sie hier bei mir. Vielleicht geht es ums Geld. Ich warne Sie, Sie bekommen nichts, ich habe nichts für Sie. Ich kenne die Betrüger, wissen Sie, nicht mit mir.

Schweigen.

Sie sagt: Das mußte mir passieren, so ein Typ, der schweigt, der nichts sagt, ein Typ, der nichts, aber auch gar nichts weiß, der völlig ahnungslos ist. Das mußte mir passieren, ich habe kein Glück, aber Sie werden nicht hier bleiben, Sie werden dahin zurückkehren, wo Sie herkommen, ich bin es leid, Sie haben hier nichts zu suchen, ich kenne Sie nicht, ich weiß nicht, wer Sie sind.

Diese Szene spielt sich häufig ab. Sie erträgt mich nicht. Sie erträgt sich nicht. Sie setzt mich vor die Tür. Sie droht mir, Sie haben hier nichts, alles gehört mir, alles, hören Sie, das Geld gehört mir, und ich werde Ihnen nichts geben, nicht einen Centime, Sie sind eine glatte Null, eine

Niete erster Ordnung. Sie versteht nicht, warum ich nicht aufgebe, warum ich dableibe, bei ihr, allein mit ihr, und sie allein mit mir. Manchmal ist es unerträglich, sie will alles zerschlagen, alles zerstören, mich zerstören, mich schlagen, mich beleidigen, mich umbringen, mich töten. Sie sagt: Ich habe Lust zu töten. Sie sagt nicht, Sie zu töten, nein, sie sagt: Ich habe Lust zu töten. Unbändige Lust. Sie versteht vollkommen. Alles. Und dieser Scharfblick ist grauenhaft. Und die ganze Welt wird grauenhaft, die ganze Welt ist ein Schmerz und auch ich, denn sie sieht, daß ich da bin, sie sieht mich, und manchmal will sie nicht mehr sehen, was ich bin, was ihr unbekannt ist und was sie dennoch von mir weiß. Sie will nicht mehr, sie will töten, sich selbst töten. Sie will sterben. Sie will, daß ich mit ihr sterbe. Sie will verschwinden. Damit der Schmerz aufhört, damit ich aufhöre, ihr weh zu tun. Gegen meinen Willen füge ich ihr Leid zu. In aller Unschuld. Ich verursache Schmerz. Gleichsam einen unmittelbaren Kummer.

Ein gewaltsames Lebwohl, wenn Sie mich ansehen.

Ich gehöre niemandem. Ich bin für nichts da.

Sie sagt: Ich ertrage Ihre Existenz prinzipiell nicht. Sie sind unmöglich.

Ich konnte nicht anders. Sie konnte nicht anders. Es brauchte dieses Leid, diesen Schmerz, und sie mußte sich über dieses Unglück des Alleinseins, des hoffnungslosen Alleinseins hinwegsetzen und Bücher schreiben, Wörter schreiben. Nicht Literatur, nein, etwas anderes, sie mußte versuchen, etwas von mir zu verstehen, etwas von diesem

Gesicht, das sie ansieht, das etwas von ihr sieht. Und manchmal erträgt sie es nicht. Und doch bleiben wir da, eingesperrt alle beide im schwarzen Zimmer des Hôtel des Roches Noires in Trouville, und nachts fahren wir am Meer entlang nach Blonville, und sie sagt, schauen Sie, schauen Sie, wie schwarz das ist, dermaßen schwarz, hören Sie das Rauschen, das nicht aufhört, diese reglose Bewegung, schauen Sie, ich nenne es the Thing. Diese Wassermassen. Und das Land drum herum.

Und sie fügt hinzu: Das ist nicht schlecht getroffen, the Thing, oder?

Wir sind zusammen eingesperrt und schreiben. Ich tippe die Wörter, die Sätze, ich suche nicht zu verstehen, ich versuche nur, recht schnell zu tippen, um kein Wort zu vergessen, um dem, was da im Begriff ist geschrieben zu werden, genau zu folgen. Und in diesem Moment, würde ich sagen, gibt es da eine dritte Person. Wir existieren nicht mehr. Es gibt keinen Namen mehr, es gibt keinen Autorennamen mehr, es gibt nur das Schreiben, das geschieht. Und das ist etwas Erregendes. Eine Erregung, die nicht mit Schönheit zusammenhängt, nein, nicht nur, ich glaube nicht. Eher mit Wahrheit. Etwas Wahres ist im Begriff gesagt zu werden, geschrieben zu werden für immer. Etwas von der Wahrheit, der uralten Wahrheit, etwas, das wir, sie und ich, sofort erkennen, etwas, das mir gesagt wird, von dem sie weiß, daß sie es mir sagen kann, mir allein.

Man weiß es nicht.

Sie weiß nicht, wer schreibt. Bis zum letzten Tag sagt sie: Ich weiß nicht, wer schreibt, ich weiß nicht, was Schreiben ist. Und dennoch schreibt sie, an jedem Tag ihres Lebens tut sie das, selbst wenn sie nicht schreibt, schreibt sie. Sie sieht etwas. Es ist unwiderstehlich. Sie weiß, daß es sich nicht lohnt, daß Schreiben niemals das Absolute ersetzt, daß man an Gott niemals heranreicht, und doch muß man es tun, muß diese alltägliche Demut versuchen, schreiben, das Wort aufspüren. Wörter diktieren. Und danach sieht man weiter. Danach, wenn die Seite geschrieben ist, liest sie sie durch und sagt: Es erschüttert mich, solche Dinge zu schreiben.

Ich sage nichts, ich höre der Stimme zu, die ihre eigenen Worte sagt. *Die Krankheit Tod* entsteht.

Es ist sehr schwierig, sie ist vollkommen konzentriert, sie sucht das Wort, sie findet es, sie zerstört den Satz, sie sucht etwas anderes, andere Wörter, eine Interpunktion, für eine fertige Seite tippe ich ein Dutzend. Manchmal ist die Stimme nicht sehr deutlich, und ich habe Angst, ein Wort nicht richtig zu verstehen. Ich traue mich nicht, sie wiederholen zu lassen. Ich komme schon zurecht. Ich tippe. Und sie findet das Wort. Und das Buch entsteht. Es geht vorwärts. Sie sagt: Ich glaube, ich schaffe es. Ich bin noch nicht sicher, aber es wird ein Buch werden. Etwas, das es noch nie gab.

Jedesmal ist es wieder das erste große Buch. Sie sagt: Ich glaube, es ist vorbei. Nach diesem Buch kann ich nichts mehr schreiben, es ist aus. Das ist schrecklich, und gleichzeitig bin ich diese Fron los.

Und jedesmal, es ist unvermeidlich, es ist wie ein wunderbares Unglück, fängt sie wieder an zu schreiben. Sie schreibt, sie kann nicht dagegen an, und ich bin da, ich warte, ich sage nichts, ich warte, dafür bin ich da, für die Wörter, die geschrieben werden, die Wörter, die von Lesern in der ganzen Welt gelesen werden, dafür bin ich da, und ebenso für sie, für diese Frau, die mit mir auf der Welt allein sein will, die in jeder Sekunde des Tages und der Nacht die Einzige sein will.

Niemand auf der Welt außer mir. Und tatsächlich sind Sie die, die ich bevorzuge, und ich bin der, den Sie bevorzugen. Mehr als alles auf der Welt. Wir sind da, together, ja, für immer, doch wir wissen auch, die Zeit vergeht, es ist schon Zeit vergangen, noch bleibt uns Zeit, man muß schreiben, etwas sagen, man weiß nicht was, es sagen. Es anpacken. Und lieben. Noch mehr lieben. Wen? Sie. Mich. Ja, und noch mehr.

Man weiß es nicht. Was wir wissen, Sie und ich, ist: wir gefallen uns. Was für ein Ereignis. Was für eine Geschichte. Was für eine Liebe. Wir halten es zusammen nicht aus, das ist unmöglich, und doch können wir nicht anders als uns noch mehr gefallen.

Ich sage so: Zum Entzücken der Begegnung, während des nunmehr berühmten Sommers 1980, gehört die Stimme. Ihre Stimme. Die Art, wie sie die Wörter auskostet, die Art, wie sie das Wort sucht, wie sie das richtige, das wahre Wort findet, wie sie das Wort durch die Stille des Denkens hindurch in den Mund kommen läßt.

Ich lausche stundenlang. Ich höre etwas. Und ich sehe etwas. Und ich merke sehr schnell, daß es keine Trennung gibt zwischen der Alltagsstimme, der Stimme der Umgangssprache, sagen wir es so, und der Stimme, die einen Text diktiert, der Stimme, die im Begriff ist zu schreiben, der Stimme, die versucht, etwas zu sehen, etwas zu benennen, die versucht, in jedem Augenblick wahrhaftig zu sein. Das ist eine Anstrengung, das ist eine Anspannung, das ist ein Schmerz, das ist in jedem Moment eine Gnade.

Sie sagt zum Beispiel: Fahren wir nach Touques. Und die Art, wie sie das Wort Touques sagt, begeistert mich. Ich sage zu ihr: Sagen Sie es noch einmal, und sie lacht und tut es, sie wiederholt das Wort für mich, auch für sich: Touques.

Wenn sie spricht, scheint sie das Wort zu erfinden, und ich höre das Wort zum erstenmal, als wäre es nie zuvor gesagt worden. Nie. Und es sind einfache Wörter, abgedroschene Wörter, Alltagswörter, Dreigroschengeschichten, die erzählt werden, das Mädchen von Nevers in Hiroshima. Als brauchte es diese Banalität, um die Gnade des Worts, des Satzes, der Lektüre zu erlangen.

Das Gebet des Lesens.

Und wenn sie im Film liest, in *Atlantik Mann*, ist sie die Autorin der Worte und die Autorin ihrer eigenen Stimme. Ein wunderbares und erschütterndes Zusammentreffen, als verstünde sie die von ihr geschriebenen Worte besser. Ein Neuerfinden des Worts, ja, als wäre das einfache Wort unerschöpflich, als könnte es endlos gesagt und wieder gesagt werden bis zum reinen Klang eines verschwundenen Sinns.

Wer schreibt das, wer hat das geschrieben, sagt sie und ist entzückt, etwas von der Wahrheit zu entdecken.

Ich bin verstrickt in diese Geschichte mit ihr, mit dieser Frau, die schreibt, dieser unmöglichen Frau, die von sich selbst überfordert ist, überfordert von der ganzen Welt, von der Ungerechtigkeit, von der Schönheit, vom Schmerz, von der Liebe, von dem ganzen Wirrwarr mit ihr und mir und dieser Geschichte, die da zwischen ihr und mir abläuft, und nicht nur zwischen ihr und mir, nein, sie kann wie alle anderen und auch ich Szenen machen, beleidigend sein, böse sein, kochen, und auch lieben, das ganze Chaos der Welt, denn wir sind auf der Welt, wir haben teil an der Welt, wir sind nicht von der Menschheit abgesondert, und während sie schreibt, tut sie es für die ganze Welt, genau wie für mich, denn ich bin da.

Sie sagt: Yann, man soll sich nicht für auserwählt halten, sich nicht für einen Helden halten. Sich überhaupt für nichts halten. Ich weiß nicht, wer Sie sind. Man weiß es nicht.

Ich werde von einem Tag auf den andern in diese Geschichte hineingezogen, als hätte sie immer schon begonnen, als wäre ich unterwegs aufgesprungen, sie verstrickt mich in ihre Geschichte, ihre Geschichten, was für eine Geschichte es ist, weiß man nicht, ich weiß gar nichts, ich versuche zu folgen, ich verstehe kaum, was geschieht, ich weiß nur, daß ich da bin, bei ihr, seit jeher und für immer. Ich kann nichts dafür. Sie kann nichts dafür. Wir sind in keiner Weise verantwortlich, sie und ich, wir sind wie zwei Kinder, die in die Welt gesetzt worden sind. An den Tisch. Zum Schreiben. Ich bin da. Im Bett, in der Küche, im Auto, im Lachen, in den Beleidigungen, in den Texten, im Diktat der Wörter, die erfunden werden, ich bin da, ich bin dazu gezwungen, ich kann nicht entkommen, sie wacht, sie hat auf alles ein Auge, ich kann nichts anderes tun, als ganz und ausschließlich für sie da zu sein, bis zum

Gehtnichtmehr, bis ich alles aufgeben möchte, bis ich mich umbringen möchte, sie nicht mehr sehen möchte, bis zum Ekel. Sie gibt nicht nach. Ich soll niemanden anschauen, immer nur sie, die da ist und die schreibt. Und sie schaut mich unaufhörlich an, sie besteht darauf, sie läßt nicht locker. Es ist unaushaltbar. Es ist unerträglich. Ich bin der Einzige. Sie ist die Einzige.

Wie soll das gehen, wie soll man das durchhalten, wie soll man es anstellen, am Leben zu bleiben, wie soll man es anstellen, daß die Zeit vergeht, daß die Zeit sich bewegt, all diese Tage, all diese Nächte, wir können nicht mehr, ich will gehen. Sie sagt: Gehen Sie nicht, Sie kommen doch zurück, es ist nicht anders möglich. Wir können nichts dafür.

Und tatsächlich bin ich immer zurückgekommen, ich bin immer da, bei Ihnen, in dieser unerträglichen und notwendigen Nähe, in dieser Verbindung, die in jedem Augenblick entsteht und sich löst, in dieser Verbindung, die jeden Tag, jede Nacht erfunden wird. Eine Verbindung, die sie um jeden Preis will und die sie begeistert und die sie in einer fast gleichzeitigen Regung zerstören will. Als wäre die Liebe dieser nie erreichte Punkt und dennoch da, bereits da. Ein mathematischer Punkt: klar und unerklärt. Sie sagt: Versuchen Sie nicht zu verstehen, es wird Ihnen nicht gelingen, niemandem auf der Welt. Es gibt nichts zu verstehen. Ich weiß es selbst nicht.

Sie fügt hinzu: Wenn Sie nicht zufrieden sind, können Sie gehen, Sie haben hier nichts, zwei Taschen und hopp, machen Sie die Tür zu, und ich bin Sie los. Endlich.

Ich war für alles da. Und für nichts. Ich konnte jeden Augenblick gehen. Und ich konnte es nicht. Man liebt sich. Man hört auf, sich zu lieben. Und es beginnt von vorn. Was? Die Bücher, die geschrieben werden, man kommt darauf zurück, es ist unvermeidlich. Eines Tages sage ich: Wenn ich morgen sterbe, wenn ich mich morgen umbringe, werden Sie innerhalb von zwei Wochen ein Büchlein schreiben, das werden Sie tun, ich bin sicher. Sie sagt: Yann, ich flehe Sie an, sagen Sie das nicht, nein. Kein Büchlein. Ein Buch.

Schweigen.

Wir sind in Lissabon. Bei einer Retrospektive von Duras-Filmen. Es ist mein erster offizieller Auftritt mit ihr. Ich weiß nicht, wo ich mit mir hin soll. Sie stellt mich niemandem vor, sagt nichts, läßt mich hängen. Empfang in der französischen Botschaft. Als wir ankommen, gibt sie dem Botschafter ein Exemplar von *Sommer 1980* und sagt: Sehen Sie, das ist Yann Andréa, ihm ist das Buch gewidmet. Der Botschafter begrüßt mich. Ich möchte alles stehen und liegen lassen. Weggehen. Nicht da sein. Beim Essen fragt mich jemand, was ich mache. Ich weiß nicht, was ich antworten soll, und dann sage ich: Nichts. Sie sitzt neben dem Botschafter auf der anderen Seite des Tischs und hört das Wort: nichts. Sie sagt sehr laut: Fabelhaft, was Sie da eben gesagt haben, daran müssen Sie sich halten. Ich weiß nicht mehr, wen ich anschauen, wie ich essen soll. Sie redet weiter mit dem Botschafter. Und dann sagt sie, immer noch sehr laut, über den riesigen

Tisch hinweg zu mir: Großartig, man muß den Mut haben, solche Dinge zu sagen, Sie tun nichts, genau so ist es.

Schweigen. Dann geht das Gespräch weiter. Ich tue so, als sähe ich nichts, als hörte ich nichts. Ich tue so, als wäre sie nicht da. Als hätte ich sie vergessen.

Den berühmten Satz, der in *Hiroshima mon amour* mehrmals vorkommt: Du gefällst mir, was für ein Ereignis, diesen Satz verstehe ich erst jetzt wirklich. Und gefallen heißt, ganz und gar gefallen, einschließlich des Körpers. Sich auch körperlich gefallen, das ist es, ja. Und auch Liebe machen. Es braucht auch den physischen Körper. Die Haut. Sie sagt: Schauen Sie, Yann, ich habe eine makellose Haut, das kommt vom Monsunregen, wissen Sie, nun ja, die Haut ist makellos geblieben, nur das Gesicht ist zerstört. Der Rest nicht. Und die Beine, schauen Sie meine Beine an, sie sind lang und fest, Knabenbeine. Die Beine verändern sich nicht. Ich habe Glück.

Und es stimmt. Es stimmt, wir sind gleich alt. Wir gefallen uns. Immer dieses Ereignis, das sich wiederholt, das sich nicht erschöpft, das sich erneuert durch eine wahrhafte Gnade, die mit Worten ausgedrückt wird. Mit bestimmten Worten. Sie sagt: Wenn man intelligent ist, ist man es bei allem. Beim Bücherschreiben, beim Gärtnern, bei der Liebe, bei allem. Die Intelligenz ist total oder sie ist keine.

Und ich sage so: Es hat kein Ende. Es ist die Erfindungsgabe, die Phantasie, das Lachen, das Gelächter, der

Blödsinn, die Koffer aus den Fenstern, die Schläge und die Beschimpfungen, alles, was man will, denn vor allem, vor all diesen Dingen des Lebens, im Leben, ist da Ihre und meine Intelligenz. Das verliert man nicht. Das mühselige Zusammensein, es ist nicht der Mühe wert, und es ist doch der Mühe wert, Liebesgeschichten sind nicht der Mühe wert und sind doch der Mühe wert, man hat alles satt, das Leben, Sie, mich, und doch wieder nicht, denn wir gefallen uns, denn wir machen daraus dieses bemerkenswerte Ereignis, uns zu gefallen, together, und Sie sagen es und Sie schreiben es, im Bett und in den Büchern, und ich glaube es. Felsenfest, wie Sie sagen. Ich verstehe es nicht ganz, aber Sie sagen es ja, Sie diktieren es mir, ich tippe es in die Maschine, all das, all diese Lügen, diese ganze Geschichte. Aber was für eine Geschichte, sagen Sie nur, eine ganz unwahrscheinliche, meinen Sie, nun ja, all das zusammen, dieses ganze Durcheinander von Leben und Büchern, von Ihnen und mir, das existiert, das ist wahr. Wir glauben daran. Wir packen es an. Wir machen es. Alles. Liebe und Bücher. Und alles übrige. Bis zum Schluß. Bis jetzt, heute geht es weiter, denn ich schreibe Ihnen, das tue ich, ja, ich schreibe. Sie sagen: Yann, Sie haben nur eines zu tun, schreiben Sie. Ich tue es. I do it.

Ich kann so sagen: Sie erfindet, sie glaubt daran, sie erfindet mich, sie gibt mir einen Namen, sie gibt mir ein Bild, sie ruft mich, niemand hat mich je so viel gerufen wie sie, Tag und Nacht, sie gibt mir die Wörter, ihre Wörter, sie gibt alles, und ich bin da, dafür bin ich da. Ich stelle keine Fragen, ich verlange nichts. In all diesen Jahren fragt sie mich kein einziges Mal, was mir, wie man so sagt, Freude machen würde. Keine Mahlzeit, die nicht von ihr bestimmt wird, kein Ausflug mit dem Auto, ohne daß sie entscheidet, wohin sie fahren will. Es kommt ihr nicht in den Sinn, daß sie fragen könnte, wohin ich fahren möchte oder was ich essen möchte. Nein, überhaupt nicht. Niemals. Sie sagt: Yann, dieser Lauch mit Vinaigrette, das ist das Allerbeste auf der Welt. Und zehn Tage lang bereite ich Lauch mit Vinaigrette zu, und jedesmal ist sie wieder entzückt, jedesmal ist es das Allerbeste auf der Welt, und alle, die keinen Lauch mögen, sind es gar nicht wert zu existieren, sie existieren nicht, man will sie nicht kennenlernen, bloß nicht. Wie gräßlich, diese Leute, die keinen Lauch mögen. Und dann hört es auf. Zwei Wochen lang ist es sogenannter vietnamesischer Salat. Nichts anderes.

Sie sagt auch: Wo könnten Sie denn hingehen, sagen Sie doch mal. Sie leben mit einer außergewöhnlichen, sehr intelligenten Frau zusammen, und Sie tun nichts, haben freie Kost und Logis. Die ganze Welt wäre gern an Ihrer Stelle.

Und das stimmt wirklich. Und dennoch hätte ich manchmal Lust, keinen Lauch, keine chinesischen Suppen, keine Dubliner's potatoes zu essen, und habe manchmal keine Lust, um drei Uhr morgens nach Orly zu fahren, keine Lust, daß sie die ganze Zeit da ist. Lust, allein zu sein. Nicht der Einzige. Keine Liebe mehr.

Sie sagt: Das ist unmöglich.

Ich sage ziemlich selten, aber es ist doch vorgekommen: Ich habe genug von Duras, ich kann nicht mehr, mit Duras ist Schluß.

Sie läßt den Zorn, die Beschimpfungen zu, und dann kommt sie, nimmt meine Hand: Nein, sagen Sie das nicht, das ist nicht wahr, man ist nie fertig mit Duras, und Sie wissen es.

Man wird nicht damit fertig. Es hört nicht auf. Es ist unmöglich. Alles beginnt von vorn. Es ist nie genug. Noch einmal. Und wieder Liebe. Ja, so ist es, nicht enden wollende Geschichten, immer die gleiche Platte, *Capri c'est fini*, bis zum Überdruß, unbändiges Gelächter, Szenen noch und noch.

Man muß es anpacken, Yann, Sie sind nicht nur Geist, keineswegs, lieben Sie mich, Sie haben nichts anderes zu tun. Ich weiß es für Sie. Und ich tue es, ich gehorche. Und das Tollste, das Wahnsinnigste, das Grandioseste ist, daß es läuft. Die Bücher entstehen, die Theaterstücke, die Filme, alles läuft, es ist ein Welterfolg. Sie sagt: Duras ist ein kosmisches Phänomen geworden. Sie lacht nicht. Sie ist fünfzehn, sie ist schon Literatur. Sie ist darin, sie macht das, ihr ganzes Leben, um jeden Preis, nichts anderes zählt, ich zähle nicht, ich habe mit dieser Geschichte nichts zu tun, denn sie erfindet alles, von A bis Z, alles. Sie sagt: Sie wissen, daß ich nichts erfinde, Sie wissen, daß ich nie lüge, niemals. Ich mache keine Literatur. Ich mache Bücher. Verstehen Sie oder nicht?

Ich spiele denjenigen, der versteht. Ich mache Liebe, ich mache Essen nach Diktat, ich tippe die Bücher nach Diktat, ich fahre das Auto nach Diktat, ich bin da, ganz der Ihre. Und Sie? Manchmal tanzen wir, Sie tanzen gern, Sie sagen: Ich tanze meisterhaft, ich kann nichts dazu, es ist so. Leute, die nicht tanzen können, Leute, die sich nicht bewegen, das ist immer sehr beunruhigend.

Meinen Sie, Schreiben wäre, die richtige Bewegung, die richtige Geschwindigkeit finden, eine Art zu tanzen?

Ich weiß nicht, das kann ich nicht beantworten, so rede ich nicht.

Sie lebt, als ginge es jeden Augenblick ums Überleben. Ein Notfall. Als gäbe es kein Morgen, kein Danach. Als müßte man eine ständige Gegenwart leben, eine Gegenwart, die ohne Vergangenheit und ohne Zukunft ist, eine Gegenwart schlechthin, die alles mitreißt, die alles erfüllt, Raum und Zeit und mich und sie und die ganze Welt. Eine Gegenwart, die geschieht, wie die Ewigkeit geschehen könnte, in jeder Sekunde.

So sind Sie: ohne Plan, ohne zu wissen, was tun, in einem Zustand der Wildheit, einem sehr primitiven Zustand, den Höhlenmenschen ähnlich, den negativen Händen, den Menschen der Vorzeit, die nicht einmal den Namen Gottes kennen und die flehend die leeren Hände zum Himmel erheben, all jenen Menschen sind Sie nah, und Sie sind allein mit ihnen, und ich bin da, mit jenen Menschen und mit Ihnen.

Wir sind da. Und die Bücher sind da. Und die Lektüre kann geschehen, man braucht nur ein Buch aufzuschlagen, man braucht nur zu lesen, wirklich jedes Wort zu lesen, wortwörtlich.

Sie sind da mit dem Leser, der liest, mit mir, der die Wörter liest, aber Sie, wer sind Sie, das frage ich nun meinerseits.

Sie ist immer kurz davor, nicht zu schreiben, sie ist immer drauf und dran, alles aufzugeben, die Wörter und das Leben. Doch nein. Sie lebt. Sie schreibt. Sie liebt. Alles. Die ganze Welt. Austern, über alle Maßen, und spätnachts die Spazierfahrten entlang der Seine bis zum Pont de Neuilly und zurück bis Notre-Dame.

Sehen Sie diesen Berg von Steinen, dieses erhabene Grau, und diesen Fluß, die Seine, ein wunderbarer Name, sehen Sie nur.

Sie betrachtet das Gesicht der Menschen, denen sie in einem Bistro begegnet, sie will etwas von diesem Gesicht da vor ihr verstehen, sie schaut, sie sieht etwas, sie sagt nichts, ich lasse sie schauen, und dann, es geschieht immer plötzlich, hört sie auf damit. Wir müssen umgehend zurück in die Rue Saint-Benoît, die Welt ist grauenhaft, unerträglich geworden, sie kann sich in der Welt nicht mehr sehen, sie will sich verstecken, sich im Zimmer einschließen, nichts tun, sie fängt an, mich zu beschimpfen, mich zu hassen, sie sagt: Die Welt ist so ungerecht, so böse, daß ich nicht daran vorbeikomme, an dieser Form der Bosheit Ihnen gegenüber. So ist es. Ich kann nichts dafür.

Sie geht in ihr Zimmer. Sie setzt sich an ihren Schreibtisch. Ja, vielleicht wird sie schreiben. Sie nimmt ein Blatt Papier. Sie wird ein Wort finden und dann noch eins, sie wird sich an die Arbeit machen, sie kann nicht in einem solchen Unglück bleiben, nein, sie wird sich nicht umbringen, sie wird schreiben.

Sie schreibt. Sie ruft mich: Ich werde Ihnen etwas vorlesen, wir werden sehen, was wir damit machen.

Und so geschieht es. Sie kann nicht aufhören, sie wird nicht loslassen, sie läßt nichts los, nicht das Leben, nicht die Liebe, nicht mich, nein, Yann, bleiben Sie, wo sollten Sie hingehen, und wo sollte sie hingehen, man kann nicht, man kann nur da sein, am Tisch, und die Wörter hören, die aus ihrem Mund kommen, die auf die Seite, auf das Blatt gelangen. Und sie ist bezaubert von dem, was sie schreibt: Habe ich das geschrieben? Sie, sage ich, Sie. Ja, das ist wahr, und es ist sehr schön.

Wenn wir am Tisch sitzen, jeder auf seiner Seite, ob in Paris, in Trouville, in Neauphle-le-Château oder sonstwo auf der Welt, dann geschieht nichts, ist nichts anderes existent als das, was sich auf dem Blatt Papier ereignen wird.

Und genauso plötzlich, wie man sich von einem Gesicht abwendet, das man wirklich anschaut, muß es dann aufhören. Die Wörter sind nicht mehr da. Sie hört auf zu schreiben. Sie glaubt, daß es vielleicht nicht lohnt zu schreiben, sie glaubt, daß sie es nicht schaffen wird, sie glaubt, daß sie nicht schreiben kann, sie glaubt, daß sie nie wieder schreiben wird. Sie weiß gar nichts mehr. Sie schweigt. Ich sage nichts. Ich weiß, ich werde das Auto holen müssen, ich weiß, sie wird den Tisch, das Zimmer, all das, was nichts mehr bedeutet, verlassen müssen, ich weiß, sie versteht nicht mehr, sie hört auf, verstehen zu wollen, dermaßen versteht sie, dermaßen sieht sie, ich weiß, der Schmerz ist auch hier zu stark, nicht nur der

Schmerz, etwas von der Wahrheit vielleicht. Und die Wahrheit kann nicht auf einen Schlag gesagt werden, nein, wir brauchen Geschichten, auch Liebesgeschichten, gräßliche Mordgeschichten, banale Geschichten, das brauchen wir, sonst ist es zum Verzweifeln, sonst ist es zum Sterben.

Kommen Sie, wir gehen zu Bon-Marché und kaufen Lauch, ich habe Lust auf eine Suppe.

Und dann sagt sie: Wie soll man es anstellen, das Wort Ewigkeit zu schreiben, wie soll man es anstellen, es nicht zu schreiben, man kann nicht, sind Sie einverstanden, man muß etwas anderes finden.

Und das tut sie. Wir gehen zu Bon-Marché, wir kaufen Kartoffeln, Lauch, vier Stangen sind genug, und dabei vergißt sie vollkommen den Text, der gerade entsteht, und all die Wörter. Sie denkt an die abendliche Suppe, sie schaut auf die Regale, die Dinge, sie sagt, das ist teuer, es ist unglaublich, sie schaut auf die Namen, die Marken, sie sagt, all diese Waren, sie will alles kaufen, nehmen Sie drei Päckchen Kaffee, man hat nie genug, sie vergißt, sie will leben.

Und dann kehrt sie an den Tisch zurück und macht weiter, die Wörter kommen wieder, das zentrale Wort wird verworfen, und andere Wörter drängen heran, nicht an seine Stelle, nein, nicht um es zu ersetzen, sondern um zu versuchen, etwas anderes zu sagen, in der Distanz zu sein. Und von diesem leeren Ort aus in der Wahrheit zu bleiben. Die Wahrheit worüber, das weiß man nicht, der Text sagt es nicht, er hat es nicht zu sagen, und niemals läßt sie sich dazu hinreißen, eine Lektion in Wahrheit zu erteilen, Lektionen zu erteilen, nein, niemals, nein, sie schreibt. Nur das. Sie weiß, daß man andere Wörter finden, sehr alte Wörter neu entdecken muß. Sie sagt: Man kann fast nicht schreiben, kann man etwas Besseres zustande bringen als das erste Buch der Bibel, die Genesis, nein, ich glaube nicht, diese einfache Art, etwas zu sagen, das ist ein für allemal gesagt.

Und der erste Tag und die erste Nacht.

Das möchte ich geschrieben haben, das hätte mir gefallen. Wie soll man es wagen zu schreiben. Und doch tut man es, sehen Sie.

Sie tun es. Und ich bin jedesmal ganz entzückt, wenn die Wörter da sind. Wenn die Geschichte entsteht. Ich weiß, daß Ihnen nichts mehr geschehen kann, daß Sie nicht sterben können, daß der Tod mindestens bis zum Ende des Buches verschoben ist, daß Sie es fertig schreiben werden, daß Sie nicht aufgeben werden, weder das Buch, noch sich, noch mich, noch die Einkäufe bei Bon-Marché.

Sie sind im Begriff, die Seite über das nicht existierende Foto zu diktieren, die Überfahrt über den Fluß, den Mekong, die Begegnung mit dem Mann, der aus dem schönen Auto aussteigen wird, dem Mann aus Nordchina, dem ersten Liebhaber. Wir sind in Neauphle, wir sitzen am großen Tisch mit dem Park vor uns. Ich warte auf die Wörter, ich tippe auf dieser Schreibmaschine, die ich sehr mag, eine hohe, schwarze Maschine, eine Schreibmaschine aus dem Krieg, haben Sie mir gesagt. Und wir sind bei der Kleinen mit dem Männerhut und den Hurenschuhen aus Lamé, Sie, mit den Ellbogen auf die Reling gestützt, und in ein paar Sekunden wird er Ihnen eine Zigarette anbieten, und Sie sagen, nein, ich rauche nicht, und Sie sehen am Finger des Chinesen den Ring, die Diamanten, das Geld, die Liebe, die kommende Geschichte, die Mutter, die zufrieden sein wird, bessere Zeiten. Ihnen fällt es zu, diese Geschichte zu schreiben, die um die Welt geht. Eine dürftige Geschichte. Eine schlichte Geschichte. Die sechzig Jahre später immer noch überragend ist, immer noch geschrieben werden muß, die zu schreiben, noch einmal zu schreiben Sie nicht müde werden. Und ich bin bei Ihnen und tippe, was Sie sagen, versuche zu folgen, mich nicht zu irren, manchmal ist die Rührung so stark, wenn Sie über den kleinen Bruder sprechen, Paul, diese immer noch bestehende, ungebrochene Liebe, den Tod des kleinen Bruders. Sie können nicht, Ihre Stimme versagt, Sie weinen. Ich kann es nicht glauben. Ich höre auf zu tippen. Ich warte. Es wird vorbeigehen. Und dann geht es vorbei. Und dann fahren Sie fort, nehmen den Faden der Geschichte wieder auf, und es erscheint Hélène Lagonelle, und dieses Wort, Lagonelle, gefällt mir sehr. Sie sagt: Mir gefällt es auch, Sie hätten Hélène angebetet, sie liebte mich wahnsinnig, sie hätte alles für mich aufgegeben, sie vergötterte mich.

Wir werden verrückt nach dieser Geschichte, Sie und ich, wir fragen uns, wie das gehen wird, ob die Kleine die Familie aus dem Elend retten wird, ob der Chinese die Kleine heiraten wird, aber nein, das ist nicht möglich, wir wissen es bereits. Und der schwarze Lancia fährt in den Park der Residenz. Wir lieben sie immer mehr, Anne-Marie Stretter, die schöner ist als alles auf der Welt. Wir können den Text auswendig hersagen, wir kennen die Geschichte und doch auch wieder nicht, wir entdecken sie, während Sie mir die Worte der Geschichte diktieren. Wir sind hingerissen. Wir sagen ja, weiter, wir applaudieren fast wie im Theater, und dann kommen Ihnen wieder die Tränen, wenn Sie das Wort Paul aussprechen. Sie sagen: Ich kann den Tod dieses Kindes, meines angebeteten kleinen Bruders, nicht ertragen, überhaupt nicht, niemals. Tot. Dieser Liebste.

Das Buch entsteht, Tag für Tag, das Buch existiert, es ist *Der Liebhaber*, 1984 im Verlag Minuit erschienen, ausgezeichnet mit dem Prix Goncourt, weltweit, auf dem ganzen Planeten, wie Sie sagen, ein Erfolg, die Geschichte der Kleinen gefällt überall. Man liebt sie auf der ganzen Welt. Man kann nicht widerstehen. Niemand widersteht.

Was verschwunden ist, das ist Ihre Stimme, als Sie mir in jenem Frühling des Jahres 1984 in Neauphle-le-Château den Text diktieren. Diese Stimme, die Emotion der Stimme, wie die Wörter kamen, woher sie kamen, warum diese Leichtigkeit, warum Sie mir diese Geschichte erzählen, die Geschichte von jenem Liebhaber aus Nordchina. Sie sagen: Gefällt er Ihnen? Ich bin sicher, daß er Ihnen gefällt, und das Auto gefällt Ihnen, los, sagen Sie es. Ich sage nichts. Ich sitze vor der Schreibmaschine, ich warte, ich weiß, daß es weitergehen wird, daß Sie den Faden des Textes wieder aufnehmen werden, und ich will nicht abgelenkt sein, das erste Wort verpassen, zu spät kommen, Sie ein Wort wiederholen lassen müssen auf die Gefahr hin, daß Sie den Satz verlieren, den Sie sagen wollen, den Satz, den Sie noch nicht kennen und der doch im Begriff ist gesagt und auf das Blatt vor mir getippt zu werden. Ich will nichts versäumen. Und manchmal beschleunigt sich der Rhythmus, Sie sprechen schneller, und dann tippe ich immer hektischer und lasse die Tippfehler stehen. Rechtschreibfehler machen nichts, die korrigiere ich später. Und so bis zum Schluß des Buches, jeden Tag, bis zum Ende der Geschichte. Und es gibt kein Ende, Jahre später wird es wieder ein Buch geben, dieselbe Geschichte: Sie, der Liebhaber und ich. *Der Liebhaber aus Nordchina* erscheint bei Gallimard.

Sie sagen: Man ist die Geschichte leid, und dennoch liebt man all diese Leute, nein, Sie nicht, aber ich, meine Mutter hätten Sie auch geliebt, da bin ich sicher.

Wir lächeln. Wir lachen. Wir machen weiter mit der Geschichte. Sie wird geschrieben, sie entsteht, und während ich sie heute schreibe, geht sie weiter, ich kann die Wörter lesen, versuchen, die Stimme wiederzufinden, das Gesicht zu sehen, das schreibt und mich nicht ansieht, das nichts oder ich weiß nicht was ansieht, diesen Körper neben mir, der nicht existiert, der nicht mehr existiert. Diesen verschwundenen Körper, diese Augen, die nicht mehr sehen, weder die Bäume, noch den Atlantik, noch spätnachts das Fernsehen, noch den Mekong und die grünen Reisfelder, soweit das Auge reicht. Diese Augen, die nicht mehr sehen. Nichts.

Und doch, wie soll ich es glauben, wie soll ich glauben, daß es möglich ist, daß Sie nicht mehr da sind und mich ansehen, es ist nicht möglich, es ist nicht wahr, denn ich schreibe Ihnen jetzt, Ihnen, also ändert sich nichts, also sind Sie da, mit mir, in der Trennung vereint.

Ich höre: Sie lachen, wir lachen zusammen, together, ja, wir lachen uns kaputt über diesen Witz, daß Sie tot sind und ich Ihnen schreibe, ich derjenige bin, der schreibt. So was, es ist nicht zu fassen! Und wir lachen noch mehr.

Das ist also nicht alles. Nein. Ich bin da. Sehen Sie. Ich schreibe. Ich bin in Paris. Es ist der Frühling des Jahres 1999. Ich denke an Sie. Ich weiß nicht, was ich sonst machen soll, als denken. Denken wie ein Idiot, nämlich ohne Gedanken, und auf einer Olivetti-Schreibmaschine mit weißem Gehäuse und schwarzer Tastatur tippen, tun, was Sie ein Leben lang getan haben, weitermachen, zu Ihnen sagen: Das ist nicht alles, nein, denn ich bin da, denn ich höre nicht auf, bei Ihnen zu sein, niemals, niemals vergesse ich Sie.

Sie sagen: Hören Sie auf mit dieser Leier. Sie wissen, daß man nichts weiß, man weiß nicht, was man schreibt, man weiß nicht, was man tut, ob man sich liebt, ob man liebt, ob Sie mich lieben, sagen Sie es mir noch einmal, lieben Sie mich, antworten Sie mir.

Ich antworte Ihnen: Mehr als alles auf der Welt.

Noch mehr.

Ja. Und ich möchte sein wie Sie, an Ihrer Stelle, zum erstenmal hier ankommen auf den Inseln, sehen Sie. Ich möchte noch da sein und warten, wie die Wörter aus Ihrem Mund, aus Ihrem Kopf entspringen. Woher kommen Wörter. Geschriebene Wörter. Gedruckte Wörter, die ich lesen kann, wieder und wieder, phantastische Wörter, die ich zum erstenmal lesen kann, ich und alle Leser überall auf der Welt. Und Sie sind da, und all die jungen Leser lesen allein und mit uns alle Wörter der Geschichte, auch unserer Geschichte, dieser Geschichte, die kein Ende nimmt seit dem ersten Tag, da ich *Die Pferdchen von Tarquinia* gelesen habe, seit ich Ihnen zum erstenmal in die Rue Saint-Benoît geschrieben habe, seit Sie mir zum erstenmal die Tür geöffnet haben, seit dem ersten Kuß im Sommer 1980, der ersten Nacht, dem ersten Lächeln am Morgen, der ersten Beschimpfung, dem ersten Buch. Das ganze alltägliche Leben, bis zum Überdruß und bis zum Nichts.

Und Sie, als Sie nicht mehr können: Es ist aus, ich werde sterben, kommen Sie mit mir, was werden Sie tun allein, ohne mich. Los, kommen Sie mit.

Ich bin nicht mitgekommen. Am 3. März 1996 um 8.15 Uhr sind Sie in Ihrem Bett in der Rue Saint-Benoît gestorben. Ich bin nicht mitgekommen. Ich habe Sie gehen lassen. Sie sind gestorben. Ich nicht. Ich bin dageblieben und bin hier und schreibe Ihnen.

Und darüber müssen Sie lächeln: Wofür hält er sich, für einen Schriftsteller, na so was. Sie lachen. Und Sie sagen: Sie haben nichts anderes zu tun, als zu schreiben, irgend etwas, los, Sie haben ein wunderbares Thema, ein Thema, das Gold wert ist, das sage ich Ihnen, los, spielen Sie sich nicht auf, schreiben Sie, Sie brauchen sich nicht umzubringen, seien Sie nicht dumm.

Was ist das Thema.

Und da erscheint das Lächeln. Ihr Gesicht wird das eines Kindes, eines wissenden Kindes, das alles weiß in der vollkommenen Unschuld eines unerhörten Wissens. Mit diesem Lächeln des ganzen Gesichts, des ganzen Kopfes, des ganzen Geistes, man könnte sagen, des ganzen Herzens, sagen Sie: Das Thema bin ich.

Nun denn. Ich gehorche. Wieder einmal. Ich schreibe Ihnen. Und ich schreibe Ihnen gemäß. Das ist nicht alles, ich bin da, ich bin nicht gestorben, ich bin Ihnen nicht dorthin gefolgt, wo Sie sind, doch ich denke jeden Tag an Sie, und ich tue, was Sie befohlen haben: ich schreibe.

Sie hat alles genommen. Ich habe alles gegeben. Ganz und gar. Nur daß es nichts zu nehmen gab. Ich war da. Total. Nicht für sie, nein, sie war eben da, also war ich für sie da, aber vor allem war ich bei ihr, so nah wie möglich, ohne je aufzuhören, von ihr getrennt zu sein. Sie will alles von mir, bis hin zur Liebe, bis hin zur Zerstörung, bis hin zum Tod, sie will mit aller Kraft an diese großartige Illusion glauben, sie glaubt daran, sie versucht mit allen Mitteln eine Art totale Liebe, eine Liebe in jedem Augenblick zu verwirklichen, sie weiß, daß es nicht möglich ist, daß ich nicht zu nehmen bin, daß ich mich widersetze, daß ich nicht mehr tun kann, doch sie beharrt darauf, sie will mehr, es ist wie eine heroische und vergebliche Herausforderung. Für sie und für mich. Sie will alles, sie will das Ganze, und sie will nichts. Gar nichts. Und bis zum Ende des Lebens dieser Versuch. Daß ich und sie eins würden, doch das ist nicht möglich, auf keinen Fall, es geht in jedem Fall schief, sie weiß es, sie weiß, daß sie und ich eher drei würden. Daß die provisorische Lösung, die immer wieder versucht werden muß, über ein drittes Element läuft: das Schreiben. Das darf nicht gesagt werden, es muß verborgen bleiben wie ein Geheimnis zwischen uns, wir müssen uns auf gewöhnliche, banale, menschliche Art verhalten und verschweigen, was nicht gesagt werden darf, soll nicht etwas zerstört werden. Wir müssen um jeden Preis Unschuldige bleiben, auch wenn wir Bescheid wissen. Wahrhaft falsche Unschuldige, mit der Vergeßlichkeit der Unschuld. Als müßten wir die Wörter, die Bücher und auch Gott vergessen. Warum? Um die Liebe größer zu machen, vielleicht, damit die Liebe möglichst sichtbar, greifbar wird, damit sie berührt werden kann, als wäre das möglich. Manchmal geschieht es, manchmal wird das Wort geschrieben, ein Lächeln zwischen Ihnen und mir, der mathematische Punkt, der nicht ausgelöscht werden kann, der nicht ausgelöscht wird, denn ich sage es Ihnen, ich schreibe es Ihnen, das ist nicht alles, es geht weiter wie zuvor, es kann nicht aufhören, wir trennen uns nicht, die Wörter kommen noch und noch. Immer und ewig.

Ich bin nichts, und doch bin ich es, Yann, der bei Ihnen ist, jeden Tag, jede Nacht, jederzeit und überall. Sie sagen: Es ist nicht nötig, jemanden anzurufen, Ihre Mutter, Ihre Schwestern, es ist nicht nötig, denn ich bin ja da und viel intelligenter als die anderen, Sie haben keine Freunde, nur Nullen, komplette Nullen, es ist geradezu erschreckend.

Den Telefonanschluß, den ich in mein Zimmer in Paris hatte legen lassen, melde ich ab. Ich brauche ihn nicht, bei jedem Anruf kommt sie und fragt: Wer ist das? Ich antworte nicht, ich telefoniere weiter, als wäre sie nicht da und hörte zu, doch dann gebe ich es sehr bald auf und telefoniere nicht mehr. Mit niemandem. Sie sagt: Viel ändert sich jedenfalls nicht dadurch, Sie sagen ja nichts.

Nachts im Dunkeln, eingeschlossen im schwarzen Auto, fahren wir die Kais entlang, das ist der Mekong, schauen Sie, es ist nicht zu glauben, dieser Fluß, was gibt es Schöneres auf der Welt, schauen Sie, und dieses Licht auf dem Wasser, wie soll man darüber schreiben, denn es ist da, wir schauen es an, es existiert für uns, nein, damit kann man nichts anfangen.

Und dann: Ich habe noch nie jemanden so schlecht Auto fahren sehen wie Sie, ich habe Angst, ich möchte nach Hause, es lohnt sich nicht, nachts spazierenzufahren. Ich sage: Fangen Sie nicht wieder an. Sie sagen: Ich tue, was ich will, das ist mein Auto. Es gehört mir. Sie können dahin zurückkehren, wo Sie herkommen, wer weiß, wo das ist. Hauen Sie ab. Lassen Sie mich.

Ich versuche, etwas zu sagen, ich versuche, die Automatik des Tötens, Wehtuns, Zerstörens aufzuhalten. Ich sage: Nicht doch, die Welt ist nicht öde, und außerdem gibt es die Liebe. Sie wendet sich zu mir, sie sieht mich an, und ich bemerke ein Lächeln: Hören Sie auf, das ist für andere, die Liebe und all das Larifari. Sind Sie verrückt oder was. Fahren wir nach Hause.

Ich sehe meinen Kopf im Leichenschauhaus. Ich habe kein Gesicht mehr. Yann, kommen Sie schnell, beeilen Sie sich.

Das ganze letzte Jahr leben Sie im furchtbaren, unerträglichen Bewußtsein des kommenden Todes, des Todes, der in gewisser Weise schon da ist. Und Sie sagen es. Und Sie sagen es mir: Glauben Sie, daß ich heute abend sterben werde? Eines Abends fällt mir ein, was ich sagen kann. Solange Sie vom Sterben reden, sterben Sie nicht. Also los, sagen Sie mir, ich werde sterben, und Sie sterben nicht. Sie schauen mich an, Sie sind verblüfft: Das ist nicht schlecht ausgedacht. Sie sind beruhigt, und dann fängt es wieder von vorn an.

Sie erleben und erörtern Ihren eigenen Tod, den Weg zum Tod, Sie verlassen nie diesen Ort, zu dem Sie gehen, nichts sonst zählt.

Wie soll ich umgehen mit dieser Sache, die ich nicht kenne, wie soll ich damit zurechtkommen? Wie denn, Yann, sagen Sie es mir. Und wenn wir uns zusammen umbringen würden, was halten Sie davon, ich gebe Ihnen Geld, um einen Revolver zu kaufen, und wir machen es, wir bringen uns um.

Ich schaue Sie an, ich sage: einverstanden. Wer fängt an, wer tötet als erster den andern? Ich sehe dieses Lächeln, ich sehe die Augen lächeln, Sie sind zehn Jahre alt. Ich werde anfangen, dann sehe ich weiter.

Und wir lachen. Wir biegen uns vor Lachen. Sie sagen, nein, das ist keine gute Idee mit dem Revolver, wir werden etwas anderes finden. Und Sie überlegen, Sie versuchen, etwas zu finden, Sie wissen, daß es nicht nötig ist, daß Sie sehr bald sterben werden, in ein paar Monaten, in ein paar Tagen, daß Sie schon beinahe tot sind, doch nein, Sie sind am Leben, Sie sind da, Sie essen, Sie gehen, Sie sind bei mir. Sie sagen: Wir brauchen Geld für den Winter, wir machen ein Buch. Es geht wieder los. Es beginnt von neuem, Sie schreiben, Sie können nicht sterben, es ist unmöglich, Sie diktieren mir ein paar Sätze, es dauert nicht lange, stets geschriebene Sätze, aufs Komma genau, Sie hören den Satz, und Sie vergessen ihn. Sie können die Worte nicht noch einmal lesen.

Sie finden einen Titel: *Le livre à disparaître,* Das verschwindende Buch.

Das ist sehr schön. Was Titel anbetrifft, bin ich immer sehr gut gewesen. Und glauben Sie, wir werden das Buch zu Ende bringen, werde ich schaffen, es zu schreiben, sagen Sie mir die Wahrheit. Ich sage: Jedesmal sagen Sie das gleiche, bei jedem Buch, seit dem ersten.

Sie antworten nicht, Sie wissen, daß ich lüge, daß dieses Buch das letzte sein wird, daß Sie daran schreiben werden bis zum letzten Tag, drei Tage vor Ihrem Tod, daß Sie bis zum Schluß versuchen werden zu tun, was Sie schon immer tun, schreiben.

Es ist spät in der Nacht, Sie schlafen nicht, wir sehen fern. Sie sitzen in dem großen roten Sessel des Salons, und ich liege auf dem Sofa, das voller Kissen ist, alter Kissen, die Sie vor Jahren angefertigt, auf dem Flohmarkt der Porte de Vanves gekauft haben, ich weiß nicht, was ich anschaue, ich sehe Sie im Halbprofil, Sie dösen, Sie schlafen ein, ich habe Angst, Sie könnten fallen, ich beobachte Ihre Bewegungen, doch nein, Sie richten sich rechtzeitig wieder auf, Sie fallen nicht.

Und dann ertönt plötzlich Musik, vielleicht ein Walzer, Tanzmusik.

Sie erheben sich. Sie tanzen. Das dauert ein paar Sekunden. Ich erhebe mich auch, und wir tanzen, wir machen ein paar Tanzschritte. Nur ganz kurze Zeit. Sie sind erschöpft. Sie sitzen wieder im großen roten Sessel. Die Musik ist vorbei.

Nachts stehe ich auf und besuche Sie in Ihrem Zimmer, um zu sehen, ob alles in Ordnung ist, ob Sie am Leben sind, ob Sie immer noch da sind, ja, Sie schlafen, ja, Sie atmen, alles ist in Ordnung, die Lampen brennen. Auch ich kann schlafen.

In den letzten Monaten stehen Sie nachts auf und gehen durch die Wohnung, Sie irren sich nicht, Sie kennen die Richtung, dorthin, wo ich schlafe, erschöpft, bei offener Tür, ich höre Ihre Schritte, Sie achten stets darauf, Schuhe anzuziehen, ich höre Ihre Schritte auf mein Zimmer zukommen, Sie machen das Licht an, ich schlage die Augen auf und sehe Sie, ich sage, wer ist da. Ich bin es, Marguerite.

Setzen Sie sich zu mir.

Sie setzen sich auf den Bettrand. Sie schlagen die Beine übereinander.

Ist Ihnen nicht kalt so, nackt. Jedenfalls kann es nicht

schaden, Yann, wenn wir uns ein bißchen unterhalten.

Und Sie reden und reden, über Dinge, Einzelheiten von Drehbüchern, und Sie fragen mich, was ich über dieses Filmprojekt denke, und ich will schlafen, ich denke gar nichts, Sie reden weiter, Sie können nicht aufhören: Es tut gut zu reden, es langweilt mich, die ganze Zeit zu schlafen.

Um sechs schaue ich auf die Uhr: Gehen Sie in Ihr Zimmer, ich möchte schlafen, Yamina kommt um neun, ich muß schlafen. Sie sehen mich an, Sie erheben sich, Sie schlagen mit unglaublicher Kraft die Tür zu, und ich höre: Ich habe es satt, mit einem Rentner zusammenzuleben, ich muß so schnell wie möglich den Typen wechseln, so ein ödes Leben, das geht nicht mehr.

Vielleicht hätte ich nicht schlafen sollen, vielleicht hätte ich mehr zuhören sollen, mehr da sein sollen, mehr lieben sollen, man tut es nie genug, man kann sich nicht vorstellen, daß der letzte Tag ganz nah ist, man kann es nicht, denn Sie reden ganze Nächte hindurch, man sollte mehr tun, ja, aber was, eine Art Liebe erfinden, die noch größer wäre als die zu den Büchern, aber wie soll man das machen, wie ist das möglich. An manchen Abenden wollte ich schlafen, und ich forderte Sie auf zu gehen, Ihr Zimmer aufzusuchen, allein zu bleiben angesichts des Todes, an manchen Abenden hielt ich es nicht mehr aus, ich schickte Sie fort, ich tat es, und nie eine Klage, Sie gingen wütend in Ihr Zimmer und warteten aufs Sterben. Am nächsten Tag kamen Sie wieder.

Wir sind allein, eingesperrt in dieser Wohnung der Rue Saint-Benoît. Wir warten auf den letzten Tag. Wir wissen nur das. Wir sind sicher: Sie werden nun sehr bald sterben, man braucht Ihnen nichts zu erzählen.

Wir sind da, wir wissen nicht, was tun. Wir essen. Ich zwinge Sie zu essen, ich füttere Sie mit einem kleinen Löffel, Sie essen, Sie haben noch die Kraft, sich zu ernähren, und manchmal nehmen Sie mir den kleinen Löffel aus der Hand und geben mir zu essen, Sie machen diese Bewegung des Fütterns, als würden wir Essen spielen, als würde alles von vorn anfangen, als würden Sie sagen, Sie sind wie ich, wir sind gleich, Kinder, der Tod kann gar nichts ändern, wir spielen, seit jeher, seit dem Sommer 1980 und sogar schon vorher, all die Briefe, die Sie mir geschickt haben, erinnern Sie sich, die Briefe, die ich aufbewahrt habe, das Buch, das ich mit diesen Briefen geschrieben habe, Yann Andréa Steiner, so nenne ich Sie, bretonisch und jüdisch, ich sage es Ihnen, ja, los, essen, Sie müssen essen. Nein. Sie schieben den Teller weg. Sie falten die Serviette. Sie falten sie wieder und wieder, dutzendemal. Ich esse weiter. Sie tun nur noch das: Sie falten die Serviette auseinander, streichen mit der Hand darüber, wie um den Stoff zu bügeln, und falten die Serviette dann zweimal mit äußerster Sorgfalt zusammen. Ich sage: Hören Sie mit der Serviette auf, das nervt. Sie schauen mich an. Sie sagen: Wissen Sie nicht, daß ich immer fasziniert war von Farben. Daß ich dieses Rot liebe. Sie beginnen wieder, die Serviette zu falten. Es kommt nur darauf an, die Farben der Serviette zu sehen. Das Rot. Zu verstehen, wie das sein kann.

Ja, wir warten. Daß die Zeit vergeht. Jeder Tag ist ein zusätzlicher Tag, ein Tag mehr, und jede Woche bade ich Sie. Ich trage Sie in die Badewanne. Sie schreien: Wollen Sie mich ermorden oder was. Das ist Ihre Art, alte Damen umzubringen. Sie sind im Wasser. Ich schrubbe den Rücken, die Brust, den Po, die Füße, ich wasche die Haare, Sie schreien: Mörder, ich habe es immer gewußt, daß Sie mich umbringen werden, ich mache weiter, ich sage nichts, ich fühle die Haut, die Magerkeit der Haut, die Magerkeit des Kindes am Ufer des Mekong, die Magerkeit, die der junge Liebhaber aus Nordchina gesehen und geliebt hat. Ich trage Sie aus dem Wasser. Sie sagen, ich komme um vor Kälte, ich werde bestimmt erfrieren. Ich trockne den ganzen Körper ab, ich mache es so schnell wie möglich. Ich ziehe Ihnen ein langes T-Shirt an, wir gehen in Ihr Zimmer, und ich trockne Ihnen die Haare. Das haben Sie gern. Sie stehen vor dem Kamin. Sie betrachten Ihr Gesicht in dem großen Spiegel. Sie mögen diese Zeit der Ruhe nach dem Bad. Und dann gebe ich Ihnen Kölnisch Wasser. Sie reiben sich die Hände damit ab. Sie sagen: Dieses Kölnisch Wasser habe ich nie besonders gemocht, das muß von Ihnen sein, das Zeug.

Das letzte Bad, das letzte Abendessen, das letzte Lächeln, die letzte Nacht, man weiß es nie, in keinem Fall, auch nicht und schon gar nicht, wenn man derart auf den Tod vorbereitet ist, daß alles in jedem Augenblick aufhören kann, nein, man kann es nicht wissen, man lebt, man ist dem Sterben nahe, und dennoch lebt man, man ist zusammen, die Körper sind da, sie berühren sich, manchmal liebkost man einander nachts das Gesicht, um etwas zu erkennen, um etwas zu begreifen, um etwas Neues zu sehen, vielleicht um wieder zu schreiben, man weiß nie, man weiß wirklich nicht, man tut, als wäre alles in Ordnung, als könnte die Zeit nicht stehenbleiben, man muß bis ans Ende der Zeit gehen, ganz und gar, ohne zu mogeln, man muß es durchleben in einer Art Leidenschaft, in einer Art Liebe, denn es wird sehr bald aufhören, denn es hört nicht auf, denn ich schreibe Ihnen, das ist nicht alles, denn ich erzähle Ihnen, was vor sich geht.

Diese Liebe aber vergeht nicht. Sie ist da, unverändert, namenlos, ich sage nichts darüber, man weiß es nicht, etwas, was Sie von A bis Z erfunden haben. Schon vor dem ersten Tag weiß ich, daß es wahr ist. Daß alles wahr ist. Sie und ich. Man weiß nicht, wie man es ausdrücken soll, Sie konnten es ausdrücken, denn Sie haben täglich geschrieben, das Wort gesucht, nicht nur das Wort, etwas anderes vor und nach dem Wort, in der Stille zwischen den Wörtern. Ich glaube, alles ist wahr, denn Sie sagen es, ich sage es, wir schreiben es heute. Wie immer. Zum erstenmal. Das allererste Wort.

Ich kann Ihren Namen, Duras, nicht von Ihrer Existenz, von Ihnen, von Ihrem Körper trennen. Von nun an bleibt der Name, dieser weltweite Name: Duras. Diese fünf Buchstaben allein enthalten alle Titel der Bücher, alle Wörter, die Sie geschrieben haben. Diejenige, die mit Duras zeichnet. Dieser Name, der Autorenname, der auf den Umschlägen der Bücher steht, bleibt überall, in allen Sprachen der Welt, derselbe: Duras. Dieser Name ist so etwas wie ein Gattungsname geworden, gleichermaßen benutzt von denjenigen, die lesen, und denjenigen, die nicht lesen können, und denjenigen, die gar nichts über diesen Namen wissen. Dieser Name wird verehrt und verabscheut, beneidet und in den Dreck gezogen, mißbraucht und verachtet. Dieser wunderbare und bewunderte Name gehört niemandem und allen. Den Jungen, die zum erstenmal *Die Pferdchen von Tarquinia* lesen und hingerissen Campari trinken. Aber auch denen, die nicht verstehen, denen, die nicht lesen. Man kann sehr wohl nicht lesen, sich darüber hinwegsetzen, denn der Name Duras steht geschrieben. Er findet sich überall auf der Welt, es genügt, danach zu fragen, ein Buch zu kaufen, er ist da, für jeden, der etwas von ihm wissen will. Man kann ihn nicht vergessen. Nein. Das ist unmöglich. Auch meinen Namen, Yann, kann man nicht vergessen. Auf keinen Fall. Er steht für immer in Ihren Büchern. Selbst wenn er nicht genannt wird, ist er da.

Heute, drei Jahre, nachdem Ihr Körper verschwunden ist. Nobody. Tatsächlich gibt es seit dem 3. März 1996 keinen Körper mehr. Er wurde an jenem Sonntag sehr bald ins Leichenschauhaus am Boulevard des Batignolles gebracht. Ich wollte ihn nicht mehr sehen, diesen reglosen Körper, ich wollte, daß niemand Ihren toten Körper sieht. Etwas wie Scham. Ich wollte Sie nicht den Blicken der anderen, dem Blick der Welt aussetzen. Am Sonntagnachmittag um fünf Uhr hat Ihr Körper die Wohnung in der Rue Saint-Benoît verlassen. Die Straße ist fast menschenleer, keine Leute in den Straßencafés, nichts. Eine Art grauer Krankenwagen transportiert Sie ins Leichenschauhaus von Batignolles. Sie fahren ohne mich durch Paris. Ich bleibe da. Man muß es bekanntgeben. Man muß der Welt sagen, daß Sie tot sind. Daß Duras an diesem Sonntag, dem 3. März, um acht Uhr in Paris gestorben ist. Ich werde die Nachricht verkünden. Ich informiere Agence France Presse: Duras ist gestorben. AFP bittet Jérôme Lindon um Bestätigung der Nachricht, es könnte ja ein Scherz sein. Ich sage, ja, Sie sind wirklich vor ein paar Stunden gestorben, es ist wahr, man kann überall verkünden, daß es kein neues Buch mehr von Duras mehr geben wird. Es ist vorbei.

Am nächsten Morgen sehe ich Sie in der Leichenhalle wieder. Sie sind bekleidet mit dem, was ich den Leuten vom Beerdigungsinstitut am Vortag gegeben habe. Sie tragen den selbstgeschneiderten Mantel aus jenem schwarzgrünen Stoff, den Sie an der Place Vendôme gekauft haben und den Ihr Verleger Ihnen nach dem *Liebhaber* geschenkt hat.

Sie wissen, wer ich bin, ich zahle nicht, das ist ein Geschenk meines Verlegers, Jérôme Lindon, kennen Sie ihn? Jedenfalls zahle ich nicht. Schicken Sie die Rechnung. Yann, nennen Sie die Adresse.

Sie kaufen an jenem Tag in dem Laden der Place Vendôme drei Stoffe, um Mäntel für sich zu nähen. Sie sagen: Ich werde mir keinen Zwang antun, ich habe zwei gesagt, ich werde drei kaufen. Und Sie wählen einen rosafarbenen, der an zerquetschte Erdbeeren erinnert, einen kamelhaarfarbenen und einen mit Schwarz und Grün, Waggongrün.

Da liegen Sie. Das Gesicht wurde leicht geschminkt, die Lippen sind rötlich. Sie sehen normal aus. Ich bemerke nichts, was sich verändert hätte. Nein. Als wären Sie im Krankenhaus. Ich setze mich. Ich warte. Ich denke an nichts. Ich bin da. Ich warte wie ein Idiot. Ich weiß nicht, was ich tun soll. Es gibt nichts mehr zu tun. Alles ist getan. Am Donnerstag, dem 7. März, um 15 Uhr wird es in der Kirche Saint-Germain-des-Prés eine Aussegnung geben. Und dann kommen Sie auf den Friedhof Montparnasse. Die Leute vom Beerdigungsinstitut haben gesagt, es sei ein sehr guter Platz, am Rand eines Weges, ein Platz in der Nähe des Haupteingangs, links, wenn man hineingeht, und auf der anderen Seite des Portals liegen Sartre und Beauvoir. Sie können sich vorstellen, daß es ein guter Platz ist.

Ich sitze vor Ihnen. Ich warte. Sie sagen nichts mehr. Die Augen schauen nicht mehr. Ich sehe Ihr Gesicht. Ich wage es nicht zu berühren. Ich will die Kälte der Haut nicht spüren. Ich kann nicht. Es ist das einzige Mal. Ich kann Sie nicht berühren. Diesen toten Körper, diesen kalten Körper, diesen steifen Körper, bekleidet mit dem schwarzgrünen Mantel und mit hellen Lederschuhen an, jenen Schuhen, die Sie bei Soulier d'Or am Boulevard Malesherbes gekauft haben. An jenem Tag kaufen Sie zwei Paar Schuhe, es ist Sommer, wir fahren nach Trouville, Sie sagen: Ich habe nichts anzuziehen, wir müssen dorthin. Wir gehen zu Soulier d'Or. Und Sie schenken mir ein Paar Sandalen. Wunderschöne. Na, in Trouville wird man staunen. Die Verkäuferin fordert Sie auf, sich ins goldene Buch einzutragen. Wir sind sehr zufrieden mit unseren Schuhen.

Ich betrachte Sie.

Ich sehe vor mir ein Gesicht mit geschlossenen Augen, ein Gesicht, das nicht schläft. Ein Gesicht, das auch nicht tot ist, und doch, es ist tot, ich kann Sie nicht küssen. Und so sind Sie wirklich tot.

Am Donnerstagmorgen ist die Überfahrt vom Leichenschauhaus in die Kirche von Saint-Germain. Sie liegen in dem Sarg aus hellem Holz. Ich glaube mich zu erinnern, daß er innen mit weißem Stoff ausgeschlagen ist. Ihr Kopf ruht auf einem kleinen weißen Kissen. Und ein weißes Leintuch bedeckt alles, außer dem Gesicht, das ich noch anschauen kann.

Und dann passiert es, eine Dame verkündet, es sei nun Zeit, und bedeckt Ihr Gesicht mit einem weißen Tuch. Nur Weiß. Von Kopf bis Fuß. Es ist geschehen. Kein Gesicht mehr zu betrachten. Dann wird der Sarg geschlossen. Der Deckel wird festgeschraubt. Ihr Körper ist in der Holzkiste eingesperrt.

Wir fahren quer durch Paris. Wir kommen zur Place Saint-Germain-des-Prés. Die Fotografen fotografieren den Sarg, sie drängeln, sie wollen ein letztes Mal ein Foto von Ihnen, sie tun ihre Arbeit. Der Priester holt Sie an der Kirchentür ab. Ihr Körper wird in die Kirche gebracht, getragen von vier Männern. Bis vor den Altar. Sie stellen den Sarg direkt auf den Boden, auf die Steinplatten.

Das Vaterunser wird gesprochen, und Ihr Körper wird gesegnet, und alle Leute in der Kirche sind Ihretwegen da, sie haben sich um Sie versammelt und sind da, bei Ihnen. Ich traue mich nicht, den Sarg zu berühren, der einen Meter vor mir steht. Ich traue mich nicht, diese Geste zu machen, über das helle Holz zu streichen.

Wir sind auf dem Friedhof Montparnasse. Der Sarg wird in ein sehr tiefes Loch hinabgelassen. Es gibt drei Plätze in diesem Grab, das erklärt die Tiefe des Lochs. Und dann kommt eine Zementplatte darüber. Es ist geschehen, Sie sind vollkommen eingeschlossen in diesem Loch des Friedhofs Montparnasse, 3, Boulevard Edgar-Quinet in Paris. Später schreibt man auf die Steinplatte: Marguerite Duras. Und darunter zwei Jahreszahlen: 1914-1996, und auf die Stirnseite zwei Buchstaben: M.D. Und das ist alles. Ein Name und zwei Jahreszahlen. So einfach ist das. Man kann Ihren Namen auf dieser Steinplatte lesen. Er steht geschrieben.

Fast wäre ich einer Versuchung erlegen, und ich werde sie schildern. Es war so: Die Dame vom Beerdigungsinstitut sagte zu mir, Monsieur, Sie können einen Gegenstand in den Sarg legen, das ist so üblich, Sie können es tun, bevor er endgültig geschlossen wird. Ich weiß nicht, welchen Gegenstand ich Ihnen mitgeben könnte. Am nächsten Tag, bevor ich zu der Zeremonie aufbreche, da Ihr Gesicht endgültig verschwinden wird, kein Körper mehr, nobody für immer, sage ich mir, ich kann ja ein Buch in den Sarg legen. Ich wähle das Buch, das ich ganz besonders mag, *Liebe*, in der Taschenbuchausgabe.

Im letzten Augenblick, als das weiße Tuch schon Ihr Gesicht bedeckt, fragt man mich, ob ich etwas in den Sarg legen will. Ich sage nein. Eine Scheu, ich bringe es nicht fertig. Ich höre: Das ist wirklich nicht nötig, kein Buch.

Ich behalte das Buch in meiner Tasche, während der Deckel über Ihren Körper gelegt wird.

So war es. Ich wollte Ihnen sagen, daß ich daran gedacht hatte, an dieses Buch, an Sie, als Sie es schrieben, dieses verschwindende Buch. Das bei mir bleibt. Das ich wieder und wieder lesen kann, dieses Wort, diesen Satz, der uns begeistert: Das hier ist S. Thala und hinter dem Fluß ist auch noch S. Thala. Sie lachen. Sie sagen: Dieser Satz, den muß man erst mal schreiben. Wir wiederholen den Satz. Die ganze Zeit. Eine Weile sagen wir im Auto überall: Das hier ist S. Thala, und dahinter ist immer noch S. Thala. Sie erfinden Variationen, Sie amüsieren sich, ah, was für ein Satz, wie konnte ich das schreiben, ich würde ihn gern noch einmal schreiben. Und dann hört es auf. Sie sagen: Wie öde.

Nun ist es geschehen. Die Zeremonie ist vorbei. Ich lasse Sie allein, eingeschlossen in dem Loch an diesem von Linden gesäumten Weg des Friedhofs Montparnasse in Paris. Man kann Sie allein lassen. Man kann auf ein Glas ins Rosebud gehen, man kann essen gehen, man kann tanzen gehen zu einer Freundin in deren großem Haus in der Villa d'Alésia. Man kann alles machen. Zusammen sein, im Leben. Sie sind nicht mehr da. Ihr Körper muß auf die Luft verzichten, die wir atmen, auf mich verzichten, auf die Welt verzichten. Nichts mehr. Man geht also in die Stadt, man macht alles, was man will, man ißt, man tanzt, man lacht, man sagt dies und das, Wörter aus dem Leben. Es gibt nichts anderes zu tun, nichts anderes zu sagen. Nein. Nichts mehr. Aber ich will nicht reden. Ich will nicht über Sie reden. Ich bin nicht traurig. Ich bin nichts. Ich bin ohne Arbeit. Ich weiß nicht mehr, was ich tun soll. Ich weiß nicht, wie ich meine Zeit verbringen soll. Die Zeit. Mit Ihnen war es einfach, ich war die ganze Zeit beschäftigt, ein Vollzeitjob, diese extreme, ununterbrochene Zuwendung, diese Aufmerksamkeit, stets zu bedenken, was nicht gehen wird, was man tun muß, damit es weniger schlecht geht, sowenig schlecht wie möglich, all das verschwindet an jenem Donnerstag, dem 7. März 1996.

An den folgenden Tagen gehe ich wieder zum Friedhof. Ich sehe die Blumen verwelken, ich sehe die provisorische Tafel mit Ihrem Namen und den beiden Jahreszahlen, dem Geburtsjahr und dem Todesjahr. Ich wage nicht, vor Ihnen stehenzubleiben. Es ist wie eine Verlegenheit, eine Scham, daß ich den Tod nicht habe aufhalten können. Ich will nicht überrascht werden, nicht gesehen werden. Das ist dumm. Es ist so. Ich setze mich etwas weiter weg auf eine Bank. Ich rauche eine Zigarette. Ich trage eine dunkle Brille. Ich denke an nichts. Ich kann mir den bereits verwesenden, schwarz werdenden, entstellten Körper nicht vorstellen, nichts mehr, kein Lächeln mehr, keine Spazierfahrt mehr, keine Liebes- und Schimpfworte mehr, keine Bosheit mehr, keine Lauch-und-Kartoffelsuppe mehr, kein Buch mehr zu schreiben, nichts mehr als dieser eingeschlossene Körper, der sehr bald verschwinden wird. Und sehr bald gar kein Körper mehr. Es bleibt der Name. Dieser Blumenvorname, den Sie nie gemocht haben, und der Name. Die fünf Buchstaben. Duras. Dieser provisorisch auf eine Tafel geschriebene Name. Dieser Nom de plume, den Sie gewählt haben, dieser Name aus dem Lot-et-Garonne, dem Land Ihres Vaters Emile, dieser der ganzen Welt, jedem, der ihn will, geschenkte Name. Ja, lieben Sie mich, noch mehr, es ist nicht genug, ich werde noch mehr schreiben, von Ihnen schreiben, Sie anders nennen, ich werde ein neues Buch machen, ich nenne Sie ich weiß noch nicht wie, ich werde etwas finden, ich bin sehr stark in Namen, in Titeln, Bücher machen kann niemand besser als ich. Und wir lachen. Wir sagen, ja, wir machen es. Wir werden nach Trouville fahren. Wir sind im Roches Noires, in Ihrem Zimmer, das Sie das schwarze Zimmer nennen, das über dem Atlantischen Ozean schwebt, das Zimmer des Sommers 1980, das Zimmer der ersten Nacht, Sie und ich, los, kommen Sie, seien Sie nicht schüchtern, kommen Sie zu mir, ich habe einen Körper, ich werde es Ihnen zeigen, kommen Sie, streicheln Sie meinen Körper. Ich tue es, ich tue alles, was Sie mir sagen. Ja, noch mehr, lieben Sie, noch mehr, und ich tue es, ich tue nur das, und Sie wissen gar nicht wie sehr, bis ich nicht mehr kann, bis ich alles aufgeben will, Sie und das Leben, so sehr, ich weiß nicht, was ich mit Ihnen machen soll, ich bin überfordert von Ihnen und den entstehenden Büchern und von der Liebe zu Ihnen und Ihrer Ablehnung mir gegenüber. Ich weiß nicht, was ich machen soll. Sie sagen: Es wird schon werden, keine

Sorge, dieser Moment der Ermüdung geht wieder vorbei. Es ist immer so. Auch ich kann Sie manchmal überhaupt nicht mehr ertragen, und dann kommt es wieder. Man weiß nicht warum.

Und es geht weiter, die Tage, die Nächte, der Rotwein, die Bücher, die Filme, die Schreie, die falschen Aufbrüche, die Fluchtversuche. Yann, ich wußte, Sie würden wiederkommen, wo sollten Sie hin, und immer dieses Lächeln, dieses Versprechen, ich werde nicht mehr böse sein, ich schwöre es dir, du kannst tun, was du willst, sogar abends etwas trinken gehen ohne mich, es ist mir piepegal, du kannst alles tun.

Das ist nicht wahr. Sie lügen nicht, aber Sie wissen, daß es unmöglich ist, daß Sie so beschaffen sind, daß Sie sich nicht ändern können, auf keinen Fall.

Sie sagen: Nein, ich bin nicht böse, ich bin intelligent. Und es stimmt, Sie sind nicht böse, aber Sie sind nahe an einer Art Bosheit, nahe am Bösen. Nicht das Böse. Nein.

Sie tun nie Böses. Sie schreiben. Sie gehen nicht so weit, wirklich Böses zu tun. Manchmal ja. Und ich frage: Warum tun Sie mir das an, warum? Sie sagen: Ich bitte Sie um Verzeihung, ich kann nichts dafür, die Welt ist unerträglich, ich will nichts mehr, nicht einmal Sie, ich will Ihre Existenz zerstören, ich will nichts mehr, ich weiß nicht mehr, wie ich es schaffen soll, ich glaube, alles ist verpfuscht, ich glaube, es lohnt sich nicht, nichts existiert, alles ist kaputt.

Heute sage ich: Sie glauben manchmal ganz stark, daß wir verlassen sind. Sie haben gedacht, Ihre Mutter liebe Sie nicht, deren einzige Liebe sei Ihr Bruder Pierre. Sie können es nicht ertragen, nicht die Bevorzugte zu sein, nicht die Einzige, diejenige, die allein dieser Frau genug wäre, der Frau, die Sie mehr als alles auf der Welt lieben, Ihrer Mutter. Nach dem *Liebhaber* sagen Sie: Ich habe alle entschuldigt, die ganze Familie, sogar Pierre, den älteren Bruder, alle werden sie liebenswert. Sie sind alle wunderbare Irre.

Nein, wir sind nicht verlassen, das sage ich Ihnen. Und ich glaube, das wollten Sie bei mir in jedem Augenblick überprüfen.

Das ist doch nicht möglich, warum bleiben Sie hier, bei mir, das verstehe ich nicht, es ist wegen der Kohle, Sie wissen, daß Sie nichts bekommen, null Komma nichts, warum also, warum bleiben Sie, wer sind Sie, ich kenne Sie nicht.

Doch, es ist möglich, doch, es ist wahr, ich bin hier, bei Ihnen, und ich verlasse Sie nicht, und Sie verlassen mich nicht, abgesehen von diesem Zwischenfall des 3. März 1996, wir verlassen einander nicht, so ist es, wir können nichts dafür, warum, warum ist es so, warum diese Gewißheit. Weil Gott uns nicht verläßt. Niemals. Auf keinen Fall. Selbst dann nicht, wenn wir ihn vergessen.

Er hält uns fest.

Ich sage nur dies: Sie sind nie verlassen worden, weder von Ihrer Mutter, noch von mir, noch von Gott. Denn alle Tage Ihres Lebens haben Sie das Wort gesucht, haben gewisse Wörter, gewisse Sätze, gewisse scheinbar sehr einfache Geschichten geschrieben, solche wie *Capri c'est fini*, die Suiten von Bach, Schubert, Edith Piaf: *C'est fou ce que je peux t'aimer, mon amour, mon amour.* Wenn ich dieses Lied höre, werde ich verrückt, ich weine. Ja, all das, Ihr ganzes Leben lang, bis zum 29. Februar 1996, Wörter, Wahrheit, die gefunden werden muß, Wahrheit, die geschrieben werden muß, Wahrheit, die man auf jeder Seite lesen kann, man hört, wie Ihre Stimme sie sagt, Sie suchen das Wort, und Sie finden es, und Sie sagen es. Und so leben Sie.

Sie sagen oft: Ich mache keine Literatur, ich mache kein Kino, ich mache etwas anderes. Und doch machen Sie Geschichten, einfache Geschichten, Geschichten zum Weinen, lustige Geschichten. Sie lieben Chaplin, alle Chaplin-Filme begeistern Sie, bringen Sie zum Lachen und Weinen, Sie sagen, er ist ein Genie, er ist das absolute Genie. Und ich sage: In Ihnen mischen sich Racine und Chaplin. Sie bewegen sich in dem unerhörten Bereich der höchsten Komik und des wahren Ernstes oder der Ernsthaftigkeit nach Art der Kinder, mancher Kinder, die sehr ernst spielen, die wissen, daß sie spielen, und die vergessen, daß es ein Spiel ist.

Sie sagen: Duras, das gibt es nicht. Und Sie sagen: Duras, das ist Schreiben. Und ich sage: Der Name Duras hat etwas Göttliches. Man braucht nur zu lesen. Wirklich zu lesen. Die Wörter und das, was zwischen den Wörtern ist, das, was an Wahrem da ist, das, was so sehr da ist, daß niemand widerstehen kann, daß niemand der Erregung widerstehen kann, etwas Wahres, also Richtiges, also Schönes, also Einfaches, zu erkennen. Zu sehen, aus welcher Stille das kommt und welche Stille danach kommt. Und daß die Wörter nichts sind, aber daß man um sie nicht herumkommt, sonst gäbe es nichts, gar nichts. Vielleicht hat alles so angefangen: Die ersten Menschen wollten etwas überprüfen. Vielleicht die

Liebe. Sie zu sagen genügt nicht, und wie soll man sie auch sagen, wie soll man sagen: Ich liebe Sie mehr als alles auf der Welt und noch mehr. Nein, das ist nicht möglich, man muß es schreiben, es muß der in Ungnade gefallene Vize-Konsul in Kalkutta sein, der es der französischen Botschafterin sagt, Sie müssen es sein, M. D., die diese Worte schreibt.

Ich liebe Sie mehr als alles auf der Welt.

Sonst wäre nichts möglich, man könnte nicht reden, nichts sagen, keine Liebe, nichts.

Und diese Worte, die Sie ein paar Tage vor Ihrem Tod sagen: Ich bitte Sie um Verzeihung für alles. Ich sage es Ihnen heute noch einmal: Ich habe Ihnen nicht zu verzeihen, es gibt nichts zu verzeihen, ich kann alles verzeihen, was Sie wollen, wenn das etwas nützt, aber es ist nicht an mir, es zu tun. Ich glaube, Sie selbst haben sich verziehen. Aber was eigentlich? Wofür muß man um Verzeihung bitten? Dafür, daß man nicht genug liebt. Nie. Auch ich habe Sie nicht genug geliebt, das kann man genauso sagen, und auch ich war manchmal ungerecht zu Ihnen, und auch ich habe versucht, alles zu tun. Nicht nur für Sie, nein, nicht nur das, auch mit Ihnen. Wahrheit, sowohl für Sie, wie für mich, wie für die Bücher. Wir haben uns vom schwarzen Zimmer des Schreibens aus der Liebe zur Welt hingegeben.

Das ist es, was ich Ihnen sage und was Sie schon lange wissen, was ich nicht wissen sollte, wovor Sie mich bewahrt haben, weil es vielleicht zu bedrückend, zu schwer gewesen wäre und man sich hätte umbringen, es nicht zulassen wollen. Da brauchte es dann die Szenen des gewöhnlichen Lebens, die Szenen der ehelichen Liebe, die

Eifersucht, die Bosheiten, die Unaufrichtigkeit. *La Musica*, neu durchgesehen und verbessert. Es ist nicht zu glauben, all diese Szenen, die aus dem Fenster geworfenen Koffer, die Es ist aus, ich liebe Sie nicht mehr, Sie sind ein Nichts. Und ich boxe und versetze Ihnen Faustschläge, und Sie sagen, Yann, ich flehe Sie an, bringen Sie mich nicht um, ich habe überall blaue Flecken, ich rufe die Polizei, ich will nicht sterben. Und der Wein in den zweifelhaften Vorstadtkneipen, die nächtlichen Ausflüge in den Bois de Boulogne, die Autotüren zweimal abgeschlossen, die Ringe unterm Sitz versteckt: Man weiß nie, Yann, sie können einem den Finger abschneiden, um einen Ring zu stehlen. Sie sagen: Ich frage mich, wie man das tun kann, sich prostituieren. Und Sie sehen den Männern, den Frauen, den Tunten zu, die schauen und auf und ab gehen. Auch wir schauen angstvoll, wir denken an all diese Leute, wir sind bei ihnen, denn wir sind da, im Bois. Zusammen.

Ja, all das und alles übrige, das unmöglich zu sagen ist, all die Buchprojekte, Filmprojekte, die Versprechen, die Das-machen-wir, Das-ist-eine-Idee, und dann doch nicht, man wendet sich etwas anderem zu, man muß schreiben, jeden Tag nach Quillebeuf-sur-Seine fahren, im Hôtel de la Marine etwas trinken und der Fähre zuschauen, die auf die andere Seite der Seine fährt, nach Port-Jerôme bei Le Havre: Schauen Sie, Yann, die Grazie dieses Schiffs, es fährt, es überquert die Seine, es tut seine Arbeit, es tut nur das. Und auch wir fahren mit der Fähre. Wir steigen aus dem Auto aus, Sie stehen an der Reling, die Überfahrt dauert ein paar Minuten, sie schauen auf das Wasser, die Seine, diesen Fluß, Sie sagen: Der Mekong. Und wir landen, und wir fahren an der Seine entlang, manchmal bis Villequier. Und kehren mit der Fähre nach Quillebeuf zurück. Und später wird in einem Buch Emily auftreten, das verschwundene und in der ganzen Welt gelesene Gedicht, sie und er, der Captain und seine Frau, ich liebe sie wahnsinnig, ich habe noch nie so ein Buch geschrieben, ein so wahres, es ist zum Schreien.

Das Buch heißt *Emily L.*

Ja, wir mußten es so machen wie alle. Und wir sind wie alle. Es ist für jeden die gleiche Geschichte. Es gibt nur das gemeinsame Schicksal. Nur das allgemeine, von allen geteilte Unglück. Und eine einzige Liebe. Diese Liebe. Sie und ich. Together. Nunmehr ohne Ihren Körper, da Sie tot sind, da Sie auf dem Friedhof Montparnasse sind, wo ich nachsehen will, wo ich mich nicht hinzuschauen traue, wo ich vorbeigehe, wo ich an der Mauer entlanggehe, ein geschlossener, bewachter Bezirk, abends werden die Tore zugesperrt, man sperrt Sie ein, man bewacht Sie, wie jene andere in der Residenz in Kalkutta, geschlossene, bewachte Bezirke allenthalben in Ihren Büchern. Auch hier wird der in die Steinplatte eingravierte Name bewacht. Es gibt Besuchszeiten. Und ich traue mich nicht, den Namen anzuschauen. Ich traue mich nicht, den Namen zu lesen. Die beiden Jahreszahlen.

Was soll das bedeuten?

Zwei Wochen nach dem 3. März verlasse ich die Rue Saint-Benoît Nr. 5. Ich habe dort nichts mehr zu tun. Es ist vorbei. Alles ist tot. Die Wohnung hat keinen Sinn mehr. Sie existiert nicht mehr. Ich nehme zwei große Taschen und ziehe in das Zimmer, das Sie mir hinterlassen haben, in derselben Straße auf der anderen Seite, in der Nähe des Café de Flore, zumindest werden Sie ein Dach über dem Kopf haben, Yann, ich will nicht, daß Sie draußen stehen.

Ja, ich überquere die Straße und gehe in dieses Zimmer und schließe mich da ein. Und dann bekomme ich Angst, ich gehe immer seltener aus, und dann lasse ich mir zu essen und vor allem zu trinken bringen, wochenlang Pizza, dann Couscous und monatelang Frühlingsrollen, Nems, chinesischen Salat. Ich gehe nicht mehr aus. Ich habe Angst. Ich will nicht leben. Ich weiß nicht, wie ich es anstellen soll, mich umzubringen. Ich sehe fern, ich sehe alle Programme, ich wähle nicht, ich schaue, ich sehe Bilder, ich höre Radio, nicht France Musique, nein, nur Schlager, nur Blödsinn, alles ist recht, alles paßt mir, ich lese keine Bücher mehr, nur noch Zeitung, jeden Tag kaufe ich mir am Kiosk *Libération* und *Le Monde*. Ich habe beschlossen, mich am Fenster aufzuhängen. Ich habe einen Gürtel in der Fensterecke eingeklemmt. Ich steige auf einen Stuhl und stecke den Kopf durch die Schlinge, es geht, mein Kopf ist drin, der Versuch ist überzeugend. Und dann sage ich mir, der Gürtel wird durch das Körpergewicht reißen oder das Fenster wird nicht standhalten, ich sage mir, am Ende werde ich nur gewürgt, aber nicht erhängt, nicht tot sein, es ist nicht die richtige Lösung. Ich denke an die Metro, ich denke an die Seine. Ich denke an den Revolver, aber wie soll ich ihn kaufen, wie soll ich in diesem Zustand eine Waffe kaufen, ich kann so nicht ausgehen. Seit Wochen wasche ich mich nicht mehr, weder den Körper noch die Haare, ich putze mir nicht mehr die Zähne, ich rasiere mich nicht mehr, ich muß übel riechen, es muß auffallen, der ganze Dreck, die schmutzigen Hemden, die schmutzigen Laken, die angehäuften Zeitungen, die Rotwein-, Weißwein-, Roséflaschen, all die herumliegenden Flaschen, die sich ansammeln. Nach ein paar Monaten ist fast der ganze Boden von Zeitungen und Flaschen bedeckt. Die Essensreste bringe ich noch hinunter, so stinkt es wenigstens nicht, sage ich mir. Ich sehe ganz klar, ich bin kaum betrunken, nur so viel wie nötig ist, um jederzeit schlafen zu können, es gibt keinen Tag mehr, es gibt keine Zeit mehr, es gibt keine Nacht mehr, ich lebe hier in dieser Mülltonne. Ich finde das Wort: Ich bin eine Mülltonne. Das tut mir gut. Zumindest das bin ich, eine Mülltonne. Ich denke an nichts. Ich denke nicht an Sie. Doch, manchmal kommt es vor, ich sage, ich muß auf den Friedhof gehen, zum Grab, die verwelkten Blumen abräumen, Ordnung machen, aber ich schaffe es nicht, einen Bus, ein Taxi zu nehmen, ich kann den Boulevard Saint-Germain nicht mehr überqueren, ich habe Angst zu stürzen, ich habe Angst, jemanden zu treffen, Angst, daß man mich so sieht, daß man mich fragt, wie es mir geht, ja, es geht, ich kann nicht mehr laufen. Sehr spät, erst wenn er schließt, gehe ich zum Tabakladen, die Not zwingt mich, den Boulevard zu überqueren und eine Stange Benson zu kaufen. Ich zittere. Ich habe Angst, es nicht zu schaffen. Und dann schaffe ich es doch jedesmal. Es ist ein gewaltiger Sieg: Ich habe für einige Tage Zigaretten, der junge Chinese wird mir nachher Wein liefern, es geht schon, ich bringe mich noch nicht um. Ich denke nicht einmal mehr daran. Ich lege mich aufs Bett. Ich rauche, höre etwas im Radio, alles ist gut. Ich bin am Leben. Wer sollte mich hier suchen? Ich bin in diesem Mülltonnenzimmer eingesperrt, und Sie sind nicht da. Es ist keine Depression, nein, nur eine ungeheuere Müdigkeit, eine Müdigkeit seit dem Sommer 1980, eine Müdigkeit, die von diesem ganzen Leben kommt, von all den Büchern, von Ihnen, von mir, vom Ganzen, sehen Sie. Ich kann nicht mehr. Ich bin ohne Kraft. Und ich verstehe nichts mehr. Ich bin ohne Beschäftigung, und ich komme nicht allein zurecht, ich weiß nicht, was ich tun soll allein, ohne Sie. Ich will nicht ohne Sie sein, so ist es, ich will nicht über Sie sprechen, mit niemandem, nicht einmal mit mir, ich vergesse Sie nicht wirklich, aber es fehlt nicht viel, der Widerwille ist so groß, daß es mir unmöglich ist, Sie lebendig vor mir zu sehen. Ich sehe Ihr Gesicht im Leichenschauhaus von Batignolles, den reglosen Körper im schwarzgrünen Mantel und mit den hellen Lederschuhen, ich sehe das, und es bestätigt sich: Sie sind tot. Es gibt keinen Körper mehr. Keinen Körper mehr, um den ich mich kümmere, den ich wasche, dem ich zu essen gebe, den ich streichle, den ich liebe, mit dem ich lache und weine. Keine Zuwendung mehr. Keinen Körper mehr, der mich berührt, mich mitnimmt in den Tod. Nein, nichts mehr. Ich bin hiergeblieben, und Sie hat man in diesem tiefen Loch des Friedhofs Montparnasse begraben. Ich konnte nicht anders. Ich mußte den toten Körper loswerden. Ich konnte ihn nicht in der Rue Saint-Benoît behalten, nirgendwo. Was tun mit Ihrem toten Körper. Seitdem Ihr Tod festgestellt ist, beschäftigt mich diese Frage. Der Körper muß beseitigt werden, er muß verschwinden, niemand soll ihn sehen, die Leute vom Beerdigungsinstitut sollen sich darum kümmern, das ist ihr Beruf, sie kennen sich aus, ich kann nichts mehr für Sie tun, das ist vorbei. Ich lasse Sie gehen.

Und so ist es nun. Ich bin hier in diesem Zimmer der Rue Saint-Benoît, und Sie sind auf dem Friedhof Montparnasse. Dies Wort: nobody. Der Körper ist nichts, ist niemand. Ein toter Körper ist nichts.

Mein ungewaschener Körper ist noch etwas, denn ich

esse, ich trinke. Ich schaffe es nicht, mich umzubringen, ich kann mich nicht umbringen, das uralte Verbot ist da, ob ich will oder nicht, du sollst nicht töten, du sollst dich nicht töten. Ich rede nicht. Ich denke nicht. Und vielleicht ist es das, was mich rettet, daß ich mir jeden Tag sage, morgen werden wir sehen, was zu tun ist, damit es aufhört, das Leben. Ich leide nicht. Ich weine nicht mehr. Außer wenn ich im Fernsehen Ihren Namen höre, außer wenn ich in der Zeitung Ihren Namen oder Ihr Bild sehe. Als bei Gallimard die Quarto-Ausgabe erscheint, bringt *Le Monde* auf der Titelseite ein Foto von Ihnen, eine Aufnahme von Richard Avedon. Und ich sehe Ihren Blick. Sie schauen geradeaus in die Kamera, der Blick ist derart anwesend, Sie schauen niemanden an, mich vielleicht, denn ich schaue in diesem Moment Sie an, wer weiß, nein, ich glaube, Sie sind verloren, ich glaube, der Blick sieht, was man nicht sehen kann, Sie sind jenseits aller Anwesenheit. Ich betrachte dieses Foto, ich schneide es aus, ich klebe es gegenüber dem Bett an die Wand. Ich schaue Sie nicht mehr an.

Ich sehe, daß für Sie nichts anderes zählt als Schreiben. Daß ich mich auf der ganzen Linie getäuscht habe, daß die Liebe nie existiert hat, daß es nur auf das zu schreibende Buch ankommt, daß ich nichts für Sie bin, ein Nichtsnutz, das ist wahr.

Und ein paar Wochen vor dem 3. März 1996 sagen Sie: Für mich bedeutet es nichts zu sterben, aber für Sie ist es sehr schlimm, Sie werden sehen, wie schwierig es sein wird ohne mich, das Leben ohne mich. Es ist fast unmöglich.

Und es ist tatsächlich schwierig. Mehr als das. Und Sie,

wie machen Sie es ohne mich, wie machen Sie es, dort zu leben, wo Sie sind, ohne mich. Man weiß es nicht. Ich bin hier in diesem mehr und mehr verdreckenden Zimmer, ich trage die Abfälle des gelieferten Essens nicht mehr hinunter, es fängt an zu stinken und es gibt Fliegen und anderes Getier im Zimmer, ich mache die Fenster nicht mehr auf, ich gehe nicht mehr zum Kiosk, um die Zeitungen zu kaufen, macht auch nichts, nur der junge Chinese bringt gegen 19 Uhr ein Gericht, zwei Flaschen Wein und Zigaretten. Ich zahle mit meiner Scheckkarte, es funktioniert noch, es ist noch Geld da. In diesen fünfundzwanzig Quadratmetern liegen so viele leere Flaschen herum, daß ich regelmäßig stürze. Ich rolle auf den Flaschen. Fast die ganze Zeit bleibe ich im Bett. Ich warte. Ihr Gesicht beginnt zu verschwinden, während ich überhaupt nicht mehr weiß, was ich tun soll, damit das Leben, mein Leben, aufhört, ich stelle mir gar nichts mehr vor, bin betäubt vom Wein, habe Magenschmerzen, Sodbrennen, muß mich übergeben, überall Schmutz, drinnen und draußen, keine Stelle mehr, wo man hinschauen kann, kein Raum mehr, keine Zeit mehr. Und Sie in Ihrem Loch am Montparnasse, in diesem Grab, um das sich niemand kümmert, da bin ich mir sicher, es wird werden wie hier, ein böser Verhau. Ich muß rausgehen, ich verspreche es, ich sage, morgen in aller Frühe, ich nehme ein Taxi vor der Brasserie Lipp, ich überquere den Boulevard und bin da. Eine Kleinigkeit, das kann ich, ich habe eine dunkle Brille, es wird gehen. Die Vorbereitungen zum Ausgehen ziehen sich hin. Und dann bleibe ich doch da. Es ist unmöglich, ich kann nicht die Treppe hinuntergehen, ich würde fallen. Ich kann nicht zum Friedhof gehen, nirgendwohin, ich bleibe da, lege mich wieder hin, trinke, rauche. Warte. Auf nichts.

Und dann geschieht dies. Es ist der 30. Juli 1998. Ich sage: Ich schaffe es nicht, mich umzubringen, es passiert ja nichts, ich werde nicht Hungers sterben, das Leben bleibt da, weil ich nämlich leben muß, weil ich lebe, weil ich gar keine Lust habe, mich umzubringen, weil ich Quatsch erzähle, weil ich dumm bin. Und plötzlich reicht es mir mit dieser Dummheit, mit dem Schmutz, mit der Mülltonne. Ein Kalbsfrikassee, saubere Bettwäsche, ein heißes Bad, gewaschenes Haar. All das. Alles kommt wieder. Es ist brutal. Es ist klar.

Ich rufe meine Mutter an. Und sage unter Tränen: Hol mich ab. Am nächsten Morgen ist sie da, mit ihrem Mann Pierre. Sie kommen mit dem Auto aus dem Lot-et-Garonne. Ich warne sie: Ich habe zwanzig Kilo zugenommen, ich habe einen Dreimonatsbart, ich rieche schlecht, man muß mir die Treppe hinunter helfen. Meine Mutter sagt nichts. Sie sagt: Morgen früh um neun sind wir da. In der Nacht rasiere ich mich, ich entschließe mich dazu, um vorzeigbarer, menschlicher zu erscheinen, es macht einen guten Eindruck, wenn jemand daran denkt, sich zu rasieren. Es dauert lang, zuerst mit der Schere und dann mit einem Rasierapparat. Ich betrachte mich im Badezimmerspiegel. Ich erkenne mich, ich bin am Leben, meine Mutter wird kommen, sie hat seit dem 3. März 1996 auf diesen Anruf gewartet, sie weiß, daß ich am Leben bin, sie kommt, in ein paar Stunden wird sie da sein, alles fängt wieder an, ich brauche nur ein Wort zu sagen, und alles ist wie zuvor. Ich bin der Einzige, unbedingt, ohne Wort, ohne Buch, ohne Geschichte, eine Art Liebe vor der Kenntnis des Wortes. Vor meiner Geburt und der Geburt des Wortes. Die Wörter sind nicht nötig. Die Literatur ist tatsächlich nichts, nicht Literatur muß entstehen, sondern etwas anderes, nämlich das, was Sie in jedem Ihrer Bücher erreichen und auch mit mir, durch die Wörter und das Zurücktreten der Literatur: Wahrheit. Liebe. Und ich sollte der Bevorzugte sein, der Einzige, für Sie wie für die Bücher. Niemand sonst. Und ich bin mit allem einverstanden. Ich bin da, bei Ihnen, nur für Sie. Und Sie für mich. Mehr als alles auf der Welt. Alle Liebesgeschichten, alle Liebe der Welt wäre aufgehoben in dieser Liebe. Welcher? Welcher Liebe? Man weiß es nicht. Man darf es nicht wissen. Man soll es nicht benennen.

An jenem 31. Juli 1998 um neun Uhr ist meine Mutter da. Wir umarmen uns. Pierre nimmt die beiden Taschen mit schmutziger, stinkender Wäsche, und ich schließe die Tür. Ich gehe die Treppe hinunter, ich kann es, kaum zu glauben. Ich bin seit Wochen nicht gelaufen. Das Auto steht unten vor der Tür. Das Auto fährt ab. Ich verlasse das Zimmer der Rue Saint-Benoît. Wir durchqueren Frankreich. Wir fahren ins Lot-et-Garonne. Ich schaue. Ich schaue alles an. Und dann esse ich am Rand der Autobahn ein Schinken-Käse-Sandwich. Das ist gut. Frisches Brot. Das ist köstlich. Ich glaube, Sie zu hören: Sehen Sie, es ist gar nicht so schwierig, Sie haben Hunger, Sie essen, Ihre Mutter ist eine ausgezeichnete Köchin, Sie werden leben, es muß sein, es ist so, wundern Sie sich nicht darüber. Es ist nicht nötig, sich umzubringen, das ist naiv, denn der Tod existiert auf jeden Fall, besser, man provoziert ihn nicht, das hat keinen Sinn. Nein, bleiben Sie bei Ihrer Mutter, und dann wird es besser gehen, Sie werden schreiben. Sie werden mir schreiben, ich habe es Ihnen schon gesagt, erinnern Sie sich, ich bin Gold wert als Thema, ich bin hier bei Ihnen, es wird schon gehen, Sie werden es sehr gut machen, es wird Ihnen sehr leicht fallen, da bin ich sicher, zunächst müssen Sie gut essen, gut schlafen, vergessen, mich vergessen, ja, tun Sie das, danach werden wir noch mehr zusammen sein, dessen bin ich sicher, und die Liebe wird noch größer sein, eine Liebe wie in einem Buch, das ich geschrieben haben könnte, das ich vor langer Zeit geschrieben habe, erinnern Sie sich, all diese Bücher zusammen, together, ich kann sie nicht vergessen, es ist das Beste, was wir gemacht haben, ach, was für eine Liebe, wie im Leben, als wäre es nie zu Ende, als finge alles wieder an, ich sage es Ihnen, Yann, das ist nicht alles, weinen Sie nicht, es ist nicht nötig, kommen Sie, wir machen einen Ausflug nach Orly, ich liebe Orly bei Nacht, wenn keine Flugzeuge mehr fliegen, wenn alles dunkel ist, ich liebe die Straßenlampen, die nach Orly führen, den Bogen der Straßenlampen, schauen Sie.

Ich schaue. Wir fahren durch Frankreich, wir kommen ins Lot-et-Garonne, auf einem Schild kann man sogar den Namen Duras lesen. Wir sind in den Weinbergen. Wir kommen nach Agen. Ich bleibe drei Monate dort. Ich pflege mich. Man pflegt mich. Meine Mutter ist da. Ich bin bei ihr. Ich gehe aus, ich laufe am Kanal entlang, ich kann laufen, ich laufe, ich habe weniger Angst. Es wird gehen. Die Angst schwindet. Ich lese. Ich lese Julien Green. Ich kann lesen und etwas verstehen, das funktioniert. Ich rede. Ich rede mit meiner Mutter. Sie hört zu. Wir lachen zusammen, wir scherzen. Wir kochen zusammen. Wir amüsieren uns. Auch ihr geht es besser, weil ich da bin, weil ich nicht tot in dem Zimmer der Rue Saint-Benoît eingeschlossen bin. Nein, ich bin nicht tot. Ich schlage die Augen auf. Der Sohn ist nicht tot. Noch nicht. Ich beginne wieder, einige Leute anzurufen, einigen Leuten zu schreiben.

Ich sage immer das gleiche: Ich bin hier, ich bin am Leben.

Ich lese ein Buch: *Melancholia I*. Der Autor ist Norweger. Es ist eine Liebesgeschichte, eine einfache Geschichte, eine Geschichte, wie ich sie hätte schreiben können. Ich rufe in Bergen an. Ich sage: Sie sind Jon Fosse. Er sagt: Ja, I'm the writer. Ich bin Lars. Ich bin Helene. Lars ist verrückt nach Helene. Lars trägt ständig zwei sehr schwere Koffer: Er weiß nicht, wohin er gehen soll. Wo er sich einschließen soll. Wo er diese Last, die er trägt, abstellen soll.

Ich mache eine erste Reise allein. Ich besuche eine Freundin und deren Sohn in der Nähe von Toulouse, auf dem Land. Ich traue mich nicht, den Zug zu nehmen, ich fahre mit dem Taxi bis nach Rabastens. Und da sehe ich etwas Wunderbares: Balthazar. Ein Kind von elf Jahren. Vielleicht ist es das Kind mit den grauen Augen. Vielleicht bin ich es. Ich erkenne es sofort. Es lebt in diesem großen

Haus, in den Feldern, allein mit seiner Mutter, allein in der Liebe seiner Mutter und seines Vaters, den es jeden Morgen, bevor es in die Schule geht, in Paris anruft. Es ist nicht nur ein intelligentes, nicht nur ein für alles begabtes Kind, nein nicht nur das. Es ist ein ganz und gar schönes Kind. Es weiß alles und will es nicht zeigen, will es sich nicht anmerken lassen, es will die anderen und auch mich nicht verletzen. Es schweigt. Es schaut. Es besitzt jene Schüchternheit, die von einer ununterbrochenen Rücksicht auf die anderen kommt. Es will seine Intelligenz nicht auf Kosten der anderen, gegen die anderen verwenden, es will auf der Seite des Guten bleiben, es will nicht weh tun, nichts Böses tun, das kann es gar nicht, aber aus Versehen könnte es passieren, also achtet es auf sich, auf die anderen, auf mich, auf seine Mutter, auf seinen Vater. Es ist da und bereits unbezwingbar. Es ist allein, das weiß es und ist keineswegs traurig: Es liebt die ganze Welt. Seine Unschuld weiß über alles Bescheid.

Dieses Kind gefällt mir über alle Maßen. Ich liebe es. Ich kann es ihm nicht sagen. Ich werde es ihm schreiben. Das ist leichter. Ich werde ihm schreiben, wie ich jemand anderem schreiben würde, mir selber.

Sie lieben dieses Kind, Balthazar, ich liebe es mit Ihnen. Wir betrachten es zusammen. Wir haben Angst um es, wir betrachten seinen Blick, den Kopf, den es trägt wie eine materielle Evidenz, die des Kindes vom Sommer 1980.

Am 16. November 1998 reise ich ab. Ich beschließe, nach Paris zurückzukehren. Ich verlasse Lot-et-Garonne, die Stadt Agen, wo Ihr Vater Emile das Lehrerseminar besucht hat. Ich bin Richtung Duras gefahren, ich habe Le Platier gesehen, eine Ruine, wie ein Bild aus *Son Nom de Venise dans Calcutta désert*. Ein Baum steht da, wo das Haus war. Nur die Mauern sind übrig und dieser Baum, der das verwüstete Innere des Hauses ausfüllt. Ich gehe auf den Friedhof und sehe das Familiengrab. Der Name Ihres Vaters steht da. Der Friedhof ist in den Feldern. Alles ist ruhig, alles ist in Ordnung. Nun habe ich diesen Besuch ohne Sie gemacht. Sie wollten das Grab Ihres Vaters vor Ihrem Tod noch einmal sehen, Yann, machen wir diese Reise, ich bitte Sie darum, ich möchte diese Gegend wiedersehen, dieses Land, auf dem mein Vater gestorben ist, allein, fern von uns, von meiner Mutter, von seinen Kindern, von mir. Ich aber möchte diese Reise nicht machen. Und zum erstenmal gebe ich nicht nach. Ich habe Angst, daß Sie auf der Reise sterben. Seit einigen Monaten sind Sie sehr schwach, jeden Tag glaube ich, es ist der letzte, jeden Morgen sind Sie am Leben, ein Wunder. Ich will Sie nicht draußen auf den Straßen sterben sehen. Ich will, daß Sie in der Wohnung bleiben, allein mit mir, nur mit mir, ich will nicht, daß man diesen Körper sterben sieht. Ich schütze Sie vor der Welt, ich weiß, daß es nicht nötig ist, daß Sie die Welt schon vergessen haben, daß Sie schon nicht mehr von dieser Welt sind, und doch sind Sie da, mit mir, wir trennen uns nicht, ich warte mit Ihnen auf den tatsächlichen Tod, wir tun nichts anderes, nichts kann uns davon ablenken, wir wissen nicht, daß der 3. März der richtige Tag sein wird, ein Sonntag, wir wissen nicht, daß es nur wenige Wochen bis zu diesem Datum sind, wir tun, als würde es immer so weitergehen, und manchmal glaube ich es: daß Sie unsterblich sind. Daß

Sie wirklich nicht sterben können, daß Sie mir das nicht antun können, mich zu verlassen, die Welt zu verlassen, nicht mehr zu schreiben. Nicht mehr zu sehen. Balthazar nicht mehr anzuschauen. Mich nicht mehr zu sehen. Eines Tages, Anfang 1996, sagen Sie: Duras, das ist vorbei. Ich schweige. Ich versuche nicht, ein tröstendes Wort zu sagen, ein fauler Trick, das funktioniert nicht, was wir brauchen, ist Wahrheit, bis zum Schluß. Und Sie sagen, es ist vorbei, ich schreibe nicht mehr. Ich wage einzuwenden: Das Buch muß fertig werden, *Das verschwindende Buch*, wir werden es machen. Sie schauen mich an, und dann sagen Sie: Nein, es ist vorbei, Sie wissen es.

Ich schlage die Augen nieder.

Wir schweigen.

Die Reise nach Duras mache ich allein, ohne Sie. Und ich bitte Sie, mir zu verzeihen. Ich wollte Sie vor dem 3. März 1996 nicht dorthin mitnehmen. Sie wären auf dieser Reise nicht gestorben, aber wie soll man das vorher wissen, wie kann man es wagen, einen solchen Skandal in Kauf zu nehmen: Duras auf der Straße gestorben. Nicht bei einem Verkehrsunfall, nein, normal gestorben, man weiß nicht, wie man es sonst ausdrücken soll. Sie war in Begleitung eines Verrückten, der diese Reise mit ihr gemacht hat, eines Verrückten, der nicht sah, daß der Tod unmittelbar bevorstand.

Ich bin nicht verrückt, Sie sind nicht auf Frankreichs Straßen gestorben. Sie liegen in Ihrem Bett in der Rue Saint-Benoît Nr. 5, Sie halten meine Hand, meinen Arm, Sie halten fest bis zum Morgen, niemand ist da, um es zu sehen, nur Sie und ich, und was sieht man schon, nichts, man stellt fest, daß das Herz nicht mehr schlägt, und das ist alles. Es gibt nichts zu sehen. Man weiß nicht, was das ist, der Tod. Ich weiß, daß Sie aufgehört haben zu atmen. Daß der Körper nun regungslos ist. Das ist alles.

Wo sind Sie?

Man weiß es nicht.

Niemand. Man kann nicht an einen möglichen Ort denken, an eine Zeit, die anders wäre als die Zeit und der Raum hier, wo wir sind. Man kann das Wort Ewigkeit nicht denken. Das ist ein Wort. Man benutzt es einfach so. Es ist ein Wort. Und doch kann man manchmal etwas von der Realität dieses Wortes wahrnehmen, einen kleinen Moment lang, ein paar Sekunden lang oder nicht einmal, überfallartig, man ist nie gewarnt, es kündigt sich nie an, es ist da. Man glaubt. Und das ist alles. Das ist einfach.

Etwa so: Ein paar Tage vor dem 3. März sitzen Sie dösend im großen roten Sessel, Sie sehen nicht fern, sie sehen fast nichts mehr. Ich sitze auf dem mit Kissen bedeckten Sofa und schaue die Bilder im Fernsehen an. Plötzlich stehen Sie auf. Ich lasse Sie gewähren. An den Sessel geklammert halten Sie sich aufrecht. Ich bin ein paar Meter hinter Ihnen. Ich schaue Ihnen zu. Und dann wollen Sie zum Tisch gehen, und in diesem Augenblick sehe ich, wie ihr Körper fällt, ganz langsam, eine ganz langsame Bewegung, und ich komme zu Ihnen, als Ihr Kopf ganz nah am Boden ist, ich fange Ihren Kopf in meiner Hand auf, ich bewahre Ihren Kopf davor, den Boden zu berühren. In der Sekunde, in der die Hand ihren Kopf auffängt, blikken Sie mich an. Und dieser Blick sagt: Ich liebe Sie mehr als alles auf der Welt. Und ich weiß, daß Sie mich lieben.

Nun ist es vorbei. Wir werden uns niemals vergessen, wir werden uns niemals trennen, so ist es.

Sie können nicht verhindern, daß ich sterbe, Sie können es nicht ändern, und ich auch nicht, ich weiß, daß es unmöglich ist, es gibt kein Entkommen, ich möchte gern noch bei Ihnen bleiben, aber es ist nicht möglich. Das ist nicht traurig, wissen Sie. Es ist nichts.

Ihr Körper ist in jenem Loch auf dem Friedhof Montparnasse, na und. Was bedeutet das schon. Nobody. Na und. Ich bin da. Ich denke an Sie. Das reicht. Das ist ausreichend. Sonst ist nichts zu sagen. Und überall auf der Welt Tausende von Lesern. Kinder, die zu lesen anfangen. Und die Verzauberung. Wie am ersten Tag.

Ich fange noch einmal an. Bis ich es begriffen habe: Was bedeutet es, an jemanden zu denken, an Sie zu denken, was ist Denken, ist es vielleicht: So sehr denken, daß es überhaupt nichts mehr gibt, keine Erinnerung, keine Spur von irgend etwas, überhaupt keine Zeit mehr, nur Liebe, wenn das Wort vor dem Wort möglich wäre. Das Wort, das erfunden werden muß.

Nein, das ist nicht möglich, das kann man nicht schreiben. Ich flehe Sie an, lassen Sie mich in Ruhe, es ist ermüdend, solche Dinge zu hören. Kommen Sie, wir gehen hinaus, nach Le Havre, wir gehen das Meer anschauen, das wird Ihnen gut tun und mir auch, holen Sie das Auto, ich warte.

Ja, wir fahren los und singen *Blue Moon*, diesen Schlager, der auf dem Klavier gespielt wird, der überall gesungen wird im Auto, auf allen Straßen der Normandie, auf den Straßen der ganzen Welt, Sie und ich im Auto, aus voller Kehle *Blue Moon*, Yann, ja, wir singen, ich singe falsch, macht nichts, stundenlang. Und dann müssen wir zurück. Wir müssen arbeiten. Wir müssen das Buch machen. Ein letztes Buch.

Sie sagen oft, na ja, manchmal kommt es vor: Sie brauchen nicht zu schreiben, Sie brauchen das nicht, was für ein Glück.

Ich muß nichts. Ich besitze eine großartige Fähigkeit, nichts zu tun, absolut nichts. Es ist nicht nötig. Alles geht gut. Man muß die Welt nicht verändern, man muß die Leute nicht verändern, alles ist schön, alles ist wunderbar, die Welt ist gewissermaßen vollkommen. Es genügt, die Welt zu betrachten und die Leute auf dieser Welt, sie wirklich zu betrachten und dazusein, mit ihnen zusammenzusein in einer Art Gemeinschaft, wo jeder an seinem Platz, dem richtigen, passenden Platz wäre. Manchmal glaube ich, das Böse existiert gar nicht. Das Böse geschieht wohl oder übel, weil man nicht lieben kann, weil man nicht einfach dasein kann mit jemandem, auch nicht mit Ihnen. Und das nervt Sie, das macht Sie rasend: Man kann nicht einfach nichts tun. Das ist sehr schwierig. Das ist zum Verzweifeln. Ich habe es versucht, ich konnte es nicht. Ich schreibe, ich mache Filme, ich mache Theater. Ich kann nicht unter diesem Alptraumventilator in Kalkutta bleiben, ich bin nicht Anna-Maria Guardi, nein, auf keinen Fall, ich erfinde diese Frau, die jedem gehört, der etwas von ihr will, die sich hingibt, diese hilflose Frau, die in der Residenz des französischen Botschafters in Kalkutta eingesperrt ist, ich schreibe, ich erfinde diese Frau vollständig, ich möchte an ihrer Stelle sein, sie sein, es ist unmöglich. Ich bin diejenige, die schreibt. Nichts als das. Ich sperre Anne-Marie Stretter, eine Hoffnung der europäischen Musik, ins Buch ein, ich erfinde Sie, Sie sind nichts ohne mich, Sie sind das Kind mit den grauen Augen, Sie sind der Bruder Agathas, Sie sind der Atlantik Mann, Sie sind Yann Andréa Steiner, blaue Augen schwarzes Haar, die Krankheit Tod, und auch der Liebhaber, ich weiß nicht mehr, ich bin diejenige, die etwas macht, und Sie sind niemand, ich allein weiß etwas von Ihnen, ich, in allen Zimmern, wo wir sind, in Trouville, in Paris, in Neauphle-le-Château, überall sind Sie mit mir. Ich kann nicht anders. Ich schreibe. Ich tue nur das, verdammt zu diesem wunderbaren Unglück: schreiben, versuchen, Sie zu sein, der daliegt und nichts tut, versuchen, die Wahrheit zu sehen. Ich muß Sie in jedem Augenblick erfinden.

Wer sind Sie, ich weiß nichts von Ihnen, woher kommen Sie? Sie machen mir angst, Sie sind da, um mich zu töten, so ist es, los, sagen Sie es ein für allemal, sagen Sie es, sprechen Sie, anstatt den ganzen Tag zu schweigen und zu glauben, Schweigen sei besonders intelligent. Es bedeutet aber nichts, null, auf der ganzen Linie. Nothing.

Sie fangen wieder an. Es fängt wieder an. Mir reicht es mit Duras. Was tue ich hier bei Ihnen, daß ich dieses nichtige Leben mit Ihnen ertrage, daß ich Sie ertrage, eine arme Frau mit ihren Wörtern und ihren zu schreibenden Büchern, die immer wieder das gleiche Buch, die gleiche Geschichte anfängt, was für eine Geschichte.

Schweigen Sie. Bleiben Sie, wie Sie sind. Ich bitte Sie nur, sich nicht umzubringen. Das ist schwierig, ich weiß, Sie tun nichts, aber versuchen Sie, sich nicht umzubringen. Schwören Sie es.

Ich schwöre nicht. Niemals. Ich sage nur: Ich bleibe bei Ihnen. Ich gehe nicht. Ich sterbe nicht.

Ich frage mich, wo Sie hingehen sollten, Sie haben kein Haus, keine Freunde, alle setzen Sie vor die Tür, nur ich akzeptiere, was Sie für ein Typ sind, ich weiß nicht, wer Sie sind. Vielleicht sind wir gleich, ich weiß nicht, ich glaube nicht, ich bin viel intelligenter als Sie, das ja, das ist offenkundig.

Ich bleibe. Und versuche erneut zu gehen, dieses Zimmer zu verlassen, ich ziehe ins Hotel, ein billiges Hotel beim Austerlitz-Bahnhof, ich habe einen Koffer dabei, ich schlafe den ganzen Tag, abends trinke ich Bier in der Bahnhofsgaststätte, mische mich unter diejenigen, die einen Zug nehmen, die abreisen, die wissen, wohin sie fahren, die erwartet werden in einer Stadt, in einem Haus, Leute mit vielen Koffern, mit Armen voller Sachen, Leute, die etwas wissen. Ich schaue ihnen zu, trinke viel Bier und kehre ins Hotel zurück. Das dauert im allgemeinen höchstens zwei oder drei Nächte, und dann, spätnachts, rufe ich an. Und ich höre Ihre Stimme: Sie sind es, Sie sind nicht tot. Wo sind Sie? Ich will Ihnen nicht sagen, wo ich bin, ich will Sie nicht mehr sehen, ich ertrage es nicht mehr, weder Sie, noch Duras, noch all Ihre Geschichten, völlig nichtige Geschichten. Sie sagen: Hören Sie auf, Sie haben zuviel getrunken, sagen Sie mir, wo Sie sind, und ich hole Sie ab, wir trinken etwas. Und trennen uns endgültig, wenn es das ist, was Sie wollen. Ich bin einverstanden, es ist unmöglich, mit mir zu leben, mit einer Schriftstellerin, es ist unmöglich, ich weiß es, gehen Sie, man müßte ein echtes Genie sein, um mit mir zu leben, na ja, Pech. Sie ertragen mich nicht mehr, ich verstehe. Trinken wir ein letztes Glas zusammen.

Ich sage ja. Sie sagt, ich komme. Wir trinken etwas. Wir trennen uns nicht. Sie sagt: Unglaublich, was Sie für ein Theater machen, und obendrein zahle ich das Hotel, Sie haben ja nicht das mindeste Geld, es ist unglaublich, und ich ertrage das. Gut, fahren wir zum Pont de Neuilly, fahren wir am Fluß entlang, an der Seine.

Ich bin Duras.

Das sagen Sie ein paar Tage vor dem 3. März 1996. Und Sie fügen hinzu: Duras, das ist vorbei. Ich schreibe nicht mehr.

Ich sage nichts. Ich weiß, es ist wahr, Sie werden jetzt sehr bald sterben. Irgendwie ist es da, das Leben, dieses Wort, das Leben. Und dann das andere Wort, der Tod.

Ich sage: Wir werden mit dem Buch weitermachen.

Nein, lassen Sie mich, ich schreibe nicht mehr. Das ist alles.

Was soll ich tun, was sagen? Nichts.

Bis zum letzten Augenblick wissen Sie, was das ist, nicht schreiben. Sie wollen auf keinen Fall etwas diktieren, was nicht geschrieben, nicht treffend formuliert ist. Sie wissen, daß Sie nicht mehr die körperliche und geistige Kraft dazu haben, also hören Sie auf. Sie lügen nicht. Sie wollen nicht irgend etwas sagen, damit die Zeit vergeht, banale Dinge, gewöhnliche Dinge schreiben, wie um die Zeit totzuschlagen. Nein, Sie bleiben standhaft. Bis Donnerstag, den 29. Februar 1996.

Und da ist dann nichts mehr zu machen, außer zu warten auf den Augenblick, den Tag des 3. März. Allein stehen Sie vor diesem Tag, hier, mit mir, allein wissen Sie wirklich, allein fragen Sie sich, was geschehen wird, was Ihnen geschehen wird. Sie versuchen zu verstehen, zu durchschauen, wie es vor sich gehen könnte. Sie wissen es nicht. Man weiß es nicht. Man erhält keine Information.

Es hilft keine Intelligenz. Man steht vor nichts. Der Tod existiert nicht.

Glauben Sie das etwa? Sie machen wohl Witze.

Nein. Ich sage es Ihnen: Denn ich bin hier, heute, an diesem Frühlingstag 1999 in Paris und schreibe Ihnen, Sie haben mir gesagt, tun Sie es, Yann, versuchen Sie es, seien Sie einfach, versuchen Sie nicht, Literatur zu machen, zu verfälschen, nein, seien Sie wahr, bleiben Sie, wie Sie sind, wie ich Sie in *L'Homme Atlantique* fotografiert habe, gehen Sie so, wie ich es Ihnen in der Halle des Roches Noires gesagt habe, tun Sie das, denn Sie können nicht Ihr ganzes Leben lang überhaupt nichts tun, sagen Sie die Wahrheit, und es geht ganz von allein. Befreien Sie sich von Ihrer Schüchternheit, von dieser gräßlichen Empfindlichkeit, die Sie an allem hindert.

Tun Sie das zum Gedenken an mich.

Nein, nicht zum Gedenken, nein, das nicht, ich brauche nichts, tun Sie es für nichts, nur so, um mich zu vergessen, während Sie versuchen, mich einzuholen, denn Sie kopieren, was auch ich hätte über Sie schreiben können und nicht nur über Sie. Nein, glauben Sie mir, wir existieren nicht. Es sind die Bücher, die existieren, das Buch, stets das erste Buch, jenes, das jeder schreibt oder nicht schreibt, jenes, das man endlos lesen und wiederlesen kann, dieselben Wörter, die an jeden gerichtet sind, jeder ist der Einzige, und alle lesen das gleiche Buch, überall auf der ganzen Welt wiederholt man die gleichen Wörter.

Die gleiche Bitte zu lesen.

Zu schweigen.

Dazusein und nicht zu verstehen. Und zu versuchen,

Liebe zu erfinden. Liebe zu Ihnen. Zu dem, den ich nicht kenne. Auch zu Balthazar. Wenn ich schreibe, schreibe ich für jedermann. Für den, der lesen kann. Auch für Sie.

Ich liebe Sie mehr als alles auf der Welt.

Noch mehr.

Erinnern Sie sich an diesen Satz? Er gefällt mir über alle Maßen. Ich wiederhole ihn unaufhörlich, bis ich nichts mehr sagen will, bis nur noch die Wörter widerhallen.

Ja, es sind die Stimmen von *India Song*. Diese eindringlichen Stimmen. Und dieser Ball, der keine Ende nimmt.

Ja, es nimmt kein Ende. Wir sind da. Wir werden tanzen. Es ist der 31. Dezember 1994. Wir sind bei Freunden. Es ist fast das letzte Silvester. Und wir tanzen miteinander.

Ich tanze immer noch gern, es vergeht nicht, sogar jetzt tanze ich, sehen Sie.

Und Sie tanzen, ich halte Sie fest, ich will nicht, daß Sie fallen, Sie schmiegen sich an mich, als wäre nichts, als wäre es der erste Ball, als würden wir uns gerade kennenlernen, das erste Wort wechseln, den ersten, entscheidenden Blick. Wir tanzen bis spät in der Nacht. Als könnten wir uns jeden Augenblick trennen. Als wäre es geschehen. Als würden wir uns vom ersten Tag an, jenem Sommertag in Trouville am Meer, Lebewohl sagen. Ein Lebewohl in der Stimme. Die Callas singt für uns Casta Diva. Man hört die Stimme in der leeren Halle des Roches Noires. Sie singt. Allein. Sie sagt: Wer singt? Diese Stimme, bin das ich? Wir singen. Und in dem Maße wie die Stimme singt, stirbt sie. Ein Lebewohl in der Stimme, in jedem Takt. Diese ganze Geschichte, diese ganzen Geschichten, Sie und ich, was soll das, warum diese Bücher, diese Wörter, diese alte Leier der Liebe, o ja, warum all diese Mühsal, sagen Sie es mir.

Es ist nicht der Mühe wert und ist doch der Mühe wert. Die Bücher sind nicht der Mühe wert, und doch habe ich mein ganzes Leben lang Bücher gemacht, nur das. Na und. Nichts und. So ist es. Und die Andere, die Göttliche, die Tote, sie singt. Warum? Weiß sie es?

Ja, so ist es. Und so ist es gut. Ich bin hier in Paris in der Rue Dauphine und schreibe Ihnen. Ich bin glücklich, es zu tun, ich weiß nicht, ob das Wort glücklich das richtige ist, anyway, ich tue es, ich schreibe Ihnen und schaue Sie an, ich schreibe Ihnen weiterhin Briefe, kleine Mitteilungen, wie jene, die ich vor dem Sommer 1980 abgeschickt habe und die nie jemand beantwortet. Hunderte von Briefen, obwohl ich Sie nicht kenne, nicht einmal Ihr Gesicht, nur den Autorennamen und die Bücher. Ich weiß nichts von Ihnen, Sie existieren nicht, kein Körper, kein Lächeln, kein Zorn, keine Spazierfahrt spät am Abend, keine Liebe im Bett, nichts von alldem, nur die Lektüre der von diesem Namen Duras geschriebenen Bücher.

Bis zu diesem Wort von Ihnen: Kommen Sie. Und ich komme nach Trouville und bleibe. Ich gehe nicht. Sie gehen nicht. Wir sind da. Zusammen und getrennt. Arme Leute. Wir haben nichts. All das Geld für nichts, zu nichts nütze. Das amüsiert sie. Wie kann das angehen, so viel Geld zu verdienen, das ist nicht zu glauben. Sie sind entzückt.

Sie sagen: Ich werde Ihnen bei Saint Laurent an der Place Saint-Sulpice zwei Jacketts kaufen, ich habe es satt, daß wir wie Clochards aussehen. Zum Glück habe ich meine Klunker an den Fingern, man sieht gleich, daß ich keine Bettlerin bin, aber so, wie Sie daherkommen, nein, ich will, daß Sie gut gekleidet sind.

Wir kommen in den Laden, Sie sagen zu den Verkäufern: Sie wissen, wer ich bin. Ich möchte zwei Jacketts für ihn, und ich sage Ihnen gleich, ich bekomme 30% Rabatt, ich habe mit der Geschäftsführung telefoniert, bevor wir zu Ihnen kamen. Ich will keine Jacketts mehr, nichts, ich will gehen, ich weiß nicht, wo ich mit mir hin soll. Und die Verkäufer, aber gewiß, wir wissen Bescheid, wenn Sie sich bitte setzen wollen, Madame.

Sie setzt sich und schaut zu, wie ich die Jacketts probiere. Nein, das nicht, Sie sehen ja, daß es Ihnen überhaupt nicht paßt, drehen Sie sich ein bißchen, gehen Sie, damit ich sehe, wie Ihnen das steht. Und ich tue es, ich gehe, die Verkäufer verkneifen sich das Lachen, ich möchte weinen, alles hinschmeißen.

Sie wissen ja, ihm steht alles, schauen Sie ihn an. O ja, dieser dunkelblaue Blazer, Yann, den müssen Sie haben. Alle sagen, ja, den müssen Sie haben, der paßt perfekt, man muß nichts ändern. Ich sage es ja, er hat eine Mannequinfigur. Gut, und jetzt noch etwas anderes, Extravaganteres. Wissen Sie, wir sind oft in Trouville, ich habe ein Appartement im Roches Noires. Ich probiere ein Glencheckjackett an. Perfekt, genau das ist es. Yann, nehmen Sie es, ich schenke es Ihnen. Ich sage ja. Sie bezahlen: Vergessen Sie ja nicht die 30%.

Wir gehen. Ich trage den dunkelblauen Blazer. Sie sagen: Gehen Sie vor mir. Ich tue es. Ich gehe. Sie sagen: Saint Laurent, einfach wunderbar.

Ich bin hier in der Rue Dauphine. Ich fange wieder an, Ihnen zu schreiben, wie vorher, als wäre nichts, als hätte es den 3. März nicht gegeben, als wäre Ihr in den schwarzgrünen Mantel gehüllter Körper nicht dabei, sich zu zersetzen, vollständig zu verschwinden, ja, ich komme über die schreckliche Abwesenheit an manchen Tagen und Abenden hinweg, über die Unmöglichkeit, ein Lächeln zu sehen, Ihre Stimme, ein Wort von Ihnen zu hören. Ich komme darüber hinweg. Ich fange wieder an, Ihnen Briefe zu schreiben wie vor dem Sommer 1980, wie vor dem 3. März 1996, es geht weiter. Was soll sich verändert haben zwischen Ihnen und mir, was kann zerstört werden, gelöst werden, getrennt werden, was, sagen Sie es mir. Ich will nicht behaupten, Sie seien nicht tot, nein, das nicht, ich bin nicht verrückt, aber ich behaupte, daß sich dadurch nichts ändert. Daß die Trennung nicht existiert, denn ich lese Ihren Namen auf dem Grabstein, Ihren Namen, Duras, in diesem Montparnasse-Garten. Nur diesen Namen unter all den anderen Namen, in dieser Demokratie des geschriebenen Namens, alle haben ein Recht darauf, alle tragen einen Namen und alle können lesen. Ich kann Ihren Namen auch schreiben und wiederholen, in allen Tonlagen singen, ihn beten, wenn mir danach ist, und alle Bücher lesen und wiederlesen wie einer, der sie zum erstenmal liest.

Ja, das glaube ich: Die Anwesenheit besteht jedesmal, wenn der Name gesagt wird, jedesmal, wenn das Wort gelesen wird. Es gibt kein Jenseits, es gibt diese andauernde Gegenwart, hier und jetzt, etwas wie Ewigkeit, was sich jeden Augenblick ereignet, etwas, was da ist in der gleichen Zeit wie unsere Zeit, in dieser Welt und dennoch außerhalb der Welt.

Ich habe Ihnen schon gesagt, daß man es kaum sagen kann und sehr selten schreiben, dieses Wort.

Sie sagen am Ende eines Buches, ich weiß nicht mehr, welches es ist: Gott, dieses Ding.

Ja, das habe ich geschrieben. Und ich glaube immer noch, daß man es nicht anders sagen kann. Es ist unmöglich. Man redet darum herum, man reicht nicht heran.

Schweigen Sie.

Schweigen wir. Das ist noch das Beste, was man tun kann.

Ich schweige. Auch ich glaube, genau wie Sie, daß man sich nicht in die Umgebung Gottes wagen, nicht über ihn sprechen, ihn in Ruhe lassen soll, er verlangt nichts von uns. Kümmern wir uns um uns, um unsere Angelegenheiten. Und unsere Angelegenheit ist die: noch mehr zu lieben. Das tue ich, während ich Ihnen schreibe und während ich an Sie denke. Nicht, um Sie loszuwerden, um Sie zu verlassen, nein, im Gegenteil, um mich, um Sie, um den Abstand zwischen Ihnen und mir besser zu sehen und dennoch zusammen zu sein. Ich schreibe Ihnen also weiter. Was sagen Sie dazu?

Nichts, ich habe darauf keine Antwort. Ich habe mir eine solche Frage nie gestellt. Man weiß nicht, warum man schreibt, und man soll es auch nicht wissen, sonst geschieht nichts. Man ist immer kurz davor, nicht zu schreiben, und tut es trotzdem. Warum? Ich weiß es nicht. Man muß eine zu große Intelligenz aufgeben, man muß etwas Bestimmtes sehen, um zu vermeiden, daß man zu viel sieht, daß man das Ganze sieht, man muß sich auf eine besondere Geschichte einlassen, warum nicht eine Liebesgeschichte, sich kopfüber hineinstürzen, alles vergessen von Ihnen, von mir, von Gott, wie mechanisch schreiben, einfache Wörter, gewöhnliche Wörter, alltägliche Wörter. Das kann großartig sein. Das kann nichts sein. Man ist nicht dafür verantwortlich. Es existiert oder es existiert nicht. Es ist wie die Wahrheit.

Ja, so ist es, und das ist es, was ich Ihnen sage und was ich Ihnen schreibe, schon immer, vom ersten Tag an, und vielleicht ist es wirklich nicht der Mühe wert, überhaupt nicht der Mühe wert, Ihnen zu schreiben, was könnte ich auch schreiben, was Sie nicht schon ganz und gar wissen, denn die Geschichte ist ja vollständig gemacht, denn Sie haben sie ja vollständig geschrieben, in der höchsten, genauesten, schönsten, schrecklichsten Wahrheit erfunden, dieses ganze Chaos, in dem man nichts mehr erkennt, weder mich noch Sie, nur Wörter, die man wieder und wieder lesen muß. Bücher. Das ist vorbei, ja, da haben Sie recht, das ist alles.

Und es ist doch nicht alles. Ich bin da und habe den Auftrag, Ihnen zu schreiben und diesen Namen zu Gehör zu bringen, diese Liebe, die nicht Ihnen gehört, sondern aller Welt, allen Lesern, zu sagen, herauszuschreien, noch einmal zu schreiben, zu wiederholen, was Sie geschrieben haben, Wort für Wort, Buchstabe für Buchstabe, zu kopieren, und mich des Kopierens nicht zu schämen. So wird die Intelligenz größer sein, und so sind wir da, in dieser Welt, und können noch lieben.

Ich höre nichts mehr, ich verstehe nichts mehr. Schreiben Sie.

Los, kommen Sie, wir gehen hinaus, man erstickt in diesem Zimmer, ich brauche Luft, wir fahren, wohin ich will, Richtung Senlis, da war ich schon lange nicht mehr. Beeilen Sie sich, holen Sie das Auto. Was ich allem anderen vorziehe, ist, mit Ihnen im Auto zu sitzen, die Straße zu sehen, zu rasen, zu singen, ja, immerzu, das liebe ich mehr als alles auf der Welt. Das übrige ermüdet mich, Sie sind ermüdend. Holen Sie das Auto vom Parkplatz, ich halte es im Zimmer nicht mehr aus. Wir müssen nach draußen.

Wir fahren nach Osten, das ist jetzt die neue Richtung.

Ich liebe es, nach Osten zu fahren, daran denkt man nie, Meaux, Senlis, welche Schönheit, und dieser neue Wagen ist fabelhaft, eine Limousine, man spürt nichts, kein Geräusch, man hat es bequem, es gibt nichts Besseres, ich habe Peugeots immer gemocht, die besten Autos der Welt, stimmen Sie mir zu? Ich habe mir mit achtzehn meinen ersten Gebrauchtwagen gekauft, und Sie?

Das Auto fährt, Sie und ich darin eingesperrt, die Fenster offen, wir reden irgendwas, ich verstehe nicht, was Sie sagen, wir singen, Sie sagen, Sie singen immer noch genauso falsch, das macht nichts, ich singe, wir fahren, wir steigen nie aus, wir legen zig Kilometer zurück, ohne anzuhalten, doch, manchmal an einer Tankstelle, wir kaufen Eis, Schokolade für Sie, Vanille für mich, Eis am Stiel, und Sie sagen: Wie gut das ist, vor allem das von Gervais, das ist nicht zu vergleichen mit den anderen Marken, hier, probieren Sie das Schokoladeneis, das ist das beste.

Wir fahren immer dahin, wo Sie wollen: Biegen Sie

links ab, fahren Sie weiter, fahren Sie langsamer, wollen Sie mich umbringen, das ist also Ihr Spielchen, Duras umbringen, das wollen Sie, ich habe es immer gewußt, ich kann Mörder erkennen, ich bin es gewohnt, wissen Sie.

Der schwarze Lancia fährt in den Park der Residenz. Anne-Marie Stretter steigt aus. Sie ist allein. Sie ist blaß, sehr weiß, das Weiß der Kolonien, die Hitze, der Alptraumventilator. Sehen Sie, Sie macht lange Ausflüge, allein mit ihrem Fahrer, sie spricht nicht, sie betrachtet die Reisfelder, die flache Ausdehnung der Reisfelder, das Elend, sie denkt nie mehr an die Musik, wegen der Feuchtigkeit verstimmen die Klaviere hier sehr schnell, sagt sie zu den Gästen, wenn man sie fragt, warum sie nicht mehr spielt. Anna-Maria Guardi, das ist vorbei. Existiert nicht mehr.

Ja, ich verstehe, ich bin bei Ihnen, ich höre Ihnen zu, ich verstehe die Wörter, die Stimme, den Klang der Stimme, die die Wörter sagt.

Diese Frau kennt uns nicht, sie weiß nicht, daß wir existieren, wie sollte sie auch, sie sieht niemanden, sie will sterben, sie schafft es nicht, sie tut nichts. Sie wartet. Liebhaber, ja, manchmal noch, sie gehört jedem, der sie haben will, ohne daß sie jemanden bevorzugen würde. Diese Frau erfinde ich, ich sehe sie, ich erzähle Ihnen die Geschichte, meine Geschichte, die die ihre wird, und auch die Ihre.

Ja, ich sehe den schwarzen Lancia in den Park der Residenz einfahren. Die französische Botschaft in Kalkutta. Und was macht sie dann?

Sie brauchen deswegen nicht 180 zu fahren, ich merke,

daß Sie heimlich beschleunigen. Halten Sie sofort an, sonst mache ich die Tür auf und springe. Ich habe zu große Angst. Sie machen mir angst. Ich glaube, Sie wollen meinen Tod. Fahren wir zurück. Los, drehen Sie um.

Ich bin am 24. Dezember 1952 in der Stadt Guingamp in der Bretagne geboren. Es ist fast Mitternacht, und der Arzt sagt zu meiner Mutter, pressen Sie, es eilt, ich muß zur Mitternachtsmesse. Und tatsächlich bin ich vor Mitternacht geboren, also am 24. und nicht am 25. Meine Urgroßmutter Louise M. möchte, daß ich Raphaël genannt werde. Man tauft mich anders: Yann. Das heißt Johannes der Täufer. Das jedenfalls sagt mir Louise, Yann ist Johannes der Täufer, nicht der Evangelist. Ich verstehe es nicht ganz, ich weiß, daß mein Namenstag am 24. Juni ist. Und erst neulich habe ich mir überlegt: Man hat mich so genannt, weil das zweimal sechs und zweimal zwölf gibt. Ich bin sicher, daß es ein Zufall ist, daß niemand daran gedacht hat, aber es gefällt mir zu denken: ich bin genau geteilt, ich bin eins + eins. Ich bin Rechtshänder und Linkshänder, Geist und Körper, ich bin nichts von all dem, ich bin dazwischen, in einem Raum und einer Zeit, die unentschieden sind. Ich habe keinen bestimmten Platz, ich kann alle Plätze, alle Beschäftigungen übernehmen, die man mir geben will, alles paßt mir, alles ist mir recht. Ich gehöre dem, der mich will, ohne daß ich jemanden bevorzuge, ohne daß ich eine Wahl treffe. Ich bin ebenso der Atlantik Mann wie der Mann der Krankheit Tod, ich bin imstande, Sie zu lieben, mehr als alles auf der Welt, Sie und alle anderen, Sie mehr als alle andern, ja, aber trotzdem, ich bin der, der von allen bevorzugt und allen vorgezogen wird.

Ich bin imstande, Sie hier zurückzulassen, alles aufzugeben, nein, ich verlasse Sie nicht, niemals, auf keinen Fall, sobald ich jemanden gesehen habe, sobald ich Sie gesehen habe, kann ich Sie nicht mehr verlassen. Ich bleibe. Ich denke an Sie. Nicht andauernd. Oft denke ich an nichts. Absolut nichts. Null. Ich bin kurz davor, mich selbst zu verlassen. Zu sterben, ohne es zu wollen. Augenblicke unendlicher Mutlosigkeit. Manchmal verstehe ich gar nichts mehr. Weder die Welt, noch irgend jemanden, noch mich. Leere. Namenlose Verzweiflung.

Das ist nichts, das vergeht, kommen Sie.

Es kommt wieder. Ich komme zu Ihnen zurück. Ich verlasse Sie nicht, ich verlasse niemanden, es sind eher die anderen, die schnell genug davon haben. Die das nicht ertragen, diese Hartnäckigkeit zu bleiben, nichts zu wollen und doch alles zu wollen, wer weiß was. Und Sie sagen: Was wollen Sie denn eigentlich?

Ich antworte nicht.

Ich bin auch für Sie da.

Ich schicke Briefe. Viele Briefe. Es ist wie eine Manie. Schon seit langem. Es beginnt mit sieben Jahren. Ich schreibe Louise, die allein in dem Haus in Guingamp wohnt. Ich schreibe dieser Urgroßmutter ich weiß nicht was, aber die Briefe enden mit: Dein *fillioul*. Und darüber lacht man. Ich nicht. Ich möchte das Wort *filleul*, Patensohn, richtig schreiben, aber ich schaffe es nicht. Ich schreibe weiter. Und später höre ich nicht auf damit, auch wenn ich lange Zeit nicht weiß, wem ich schreiben soll, wem ich Briefe schicken könnte. Und dann stoße ich in der Wohnung in Caen auf Sie, auf dieses Buch von Ihnen, *Die Pferdchen von Tarquinia*, und ich fange an, Ihnen mehrmals am Tag zu schreiben, ohne eine Antwort, bis zu dem Tag, da Sie sagen: Kommen Sie. Tenor: Wollen mal sehen, was das für einer ist, der mir dauernd schreibt und über meine Bücher spricht, er soll sich mal zeigen.

Ich komme.

Und ich bleibe.

Sie sagen schon bald: Wie wird man Yann bloß wieder los, es ist unmöglich, ich will von diesem Kerl nichts wissen, ausgerechnet auf einen solchen Typen muß ich stoßen, der dableibt und nichts tut. Eine Nulpe. Ohne jede Würde, man setzt ihn vor die Tür mit seinen Koffern, und er kommt zurück. Er bleibt. Er schweigt.

Sie können mich nicht loswerden. Und ich Sie auch nicht. Ich versuche wegzugehen, ich komme zurück. So ist es. Und es ist gut so.

Ja, ich bin da, um die Wörter zu notieren, die Sie sagen, um Sie schreiben zu lassen, während ich schweige, während ich nicht verstehe, während Sie die wahre Geschichte der Welt erfinden. Dafür bin ich da. Um zu verhüten, daß es aufhört, um dafür zu sorgen, daß die Wörter auf die Seite geschrieben werden. Daß die Bücher gemacht und allen übergeben werden, allen Lesern, die noch nicht wissen, daß dieses Buch sie erwartet.

Ich bin da, um Sie am Leben zu erhalten und auch um zu lieben, Sie, die Wörter, die Geschichten.

Ich halte mich für niemanden, nicht für Sie, nein, nicht für Duras, dieser Name sind Sie allein, Sie allein auf der Welt, und Sie allein schreiben, Sie brauchen nichts, weder mich noch sonst jemanden. Und dennoch bin ich da. Ich bleibe. Ich bin einfach da, zugleich unvermeidlich und aus Versehen. Eine Plage, sagen Sie, so etwas habe ich noch nie gesehen. Wenn Sie wegen der Kohle bleiben,

Yann, muß ich Sie warnen, Sie bekommen nichts, gar nichts. Es lohnt sich nicht zu hoffen.

Nein, ich erhoffe nichts. No money. Nothing. Nur Sie. Ihre Person, die mit mir verbunden ist wie ich mit Ihnen. In einer blödsinnigen, absurden Verbindung, die keinen Sinn hat. Es ist völlig witzlos, sagen Sie. Es ist witzlos, ja. Und doch ist es da. Es ist da wie ein Gottesbeweis, ein unmöglicher Beweis, der immer noch und immer wieder zu erbringen ist, obwohl man weiß, daß es keinen Beweis gibt, ja, man weiß es, es gibt nur Wörter, nur Wahrheit, die zwischen uns zu sein versucht, die manchmal existiert, in einer Art unaushaltbarer Gnade, man muß sich darüber hinwegsetzen, sich lieben, die Welt noch mehr lieben, und sie kommt wieder, sie ist da, die Wahrheit des Worts.

Es ist Sonntag, der 3. März 1996, morgens gegen acht Uhr: Das Herz hört auf zu schlagen. Sie liegen in Ihrem Bett in der Rue Saint-Benoît.

Sie sind tot.

Yamina B., die Ärztin aus Algier, die seit einem Jahr bei uns als Krankenpflegerin fungiert, drückt die Lider zu, schlingt ein Band um den Kopf, damit der Mund geschlossen bleibt.

Die ganze Nacht bin ich bei Ihnen, Sie halten meinen Arm, reiben meinen Arm, Sie haben noch viel Kraft, ich liege neben Ihnen, ich rühre mich nicht, ich lasse Sie gewähren, lasse Sie meinen Arm, die Hand, die Schulter umklammern, ich weiß, das ist es, was man tun muß, ich weiß, es ist alles, was ich tun kann, alles, was Sie tun können.

Sie sprechen nicht, Sie haben die Augen geschlossen.

Irgendwann in der Nacht kommt Professor Hervé Sors. Er sagt, Sie werden definitiv in ein paar Stunden, höchstens vierundzwanzig Stunden, sterben. Wir brauchen nicht nach Laennec zu fahren, sie atmet ohne Schmerzen, sie ist nicht ausgetrocknet, auf der Intensivstation können sie auch nicht mehr machen.

Er bleibt einen Moment bei mir. Wir sprechen über die neun Monate 1988/89 auf der Intensivstation seiner Abteilung in der Klinik Laennec, über jenen wundersamen Augenblick, als das Leben zurückgekehrt ist, als Sie ins Leben zurückgekehrt sind, unversehrt und lächelnd. Diesmal wird es kein Wunder geben. Er drückt mir die Hand.

Ich komme wieder zu Ihnen, ich gebe Ihnen meine Hand, meinen Arm, Sie ergreifen die Hand, den Arm, der übrige Körper ist regungslos. Ich lege mich neben Sie. Ich spreche nicht. Ich weiß, daß Sie schon nicht mehr hören, daß es nur auf die Anwesenheit des Arms und der Hand ankommt. Ich weiß, daß Sie schon tot sind, doch das Herz schlägt noch, man muß warten, bis es aufhören will zu schlagen. Um sechs Uhr beschließe ich, mich schlafen zu legen. Ich lasse Sie in Ihrem Bett zurück. Das Licht brennt, die Türen sind offen, man weiß ja nicht, Sie könnten rufen oder schreien. Ich schlafe ein. Um acht höre ich Yamina kommen, ich möchte nicht aufstehen, ich sage mir, Yamina wird mich verständigen, ich lasse sie machen, ich habe absolutes Vertrauen zu dieser Frau, die Sie lieben gelernt hat. Ich versuche, wieder einzuschlafen. Ich würde gern lange schlafen, ich döse, ich höre Schritte und dann Yaminas Stimme an der offenen Tür meines Zimmers: Kommen Sie.

Ich habe verstanden. Das Herz hat aufgehört zu schlagen. Sie sind wirklich tot. Für immer. Dieser banale, allergewöhnlichste Umstand, etwas, was sich von jeher und immerzu überall auf der Welt ereignet und jedem widerfährt, dieser gewöhnliche Umstand ist an jenem Sonntagmorgen um acht Uhr in der Rue Saint-Benoît Nr. 5 in Paris eingetreten, in dieser Wohnung, die Sie seit 1942 bewohnen, in diesem Zimmer, in diesem Arbeitsraum, in diesem kleinen Gästebett, ja, an diesem Tag ist es geschehen: Sie sind gestorben.

Der Abschied hat schon am 29. Februar stattgefunden. Ich bin bei Gallimard, in der Halle, ich weiß nicht mehr, aus welchem Grund. Yamina ruft mich an, sie konnte mich überall erreichen. Sie sagt, es geht Ihnen nicht gut. Ich verstehe, es ist ernst. Wenn Yamina mich verständigt, ist es wirklich ernst. Ich gehe in die Rue Saint-Benoît.

Sie sitzen, auf Kissen gestützt, halb aufgerichtet im Bett und schauen mich an, ich sehe, daß Sie mich gleich erkennen. Sie sagen: Yann, adieu, ich gehe, ich umarme Sie.

Und auch ich umarme Sie. Und frage blöde, warum sagen Sie das, wohin gehen Sie denn, warum sagen Sie adieu.

Sie antworten nicht. Sie schauen mich nur an. Sie wissen, daß ich weiß, es ist vorbei. Ich weiß, es ist zwecklos zu lügen, zu schummeln, man braucht Ihnen nichts zu erzählen. An Ihrem Blick sehe ich, daß es zwecklos ist zu insistieren. Ich schweige. Und dann kommt der Notdienst. Yamina hatte ihn morgens angerufen, weil Sie eine leichte Ohnmacht erlitten hatten. Sie hatte gesehen, daß es ernst war, und den Notdienst und mich verständigt. Die Ärzte treten ein. Sie führen die üblichen Handgriffe aus. Es ist nichts zu machen. Ich sage, es ist unnötig, sie ins Krankenhaus zu bringen. Es ist wirklich unnötig, sagen die Ärzte.

So war es. Sie haben also noch bis Sonntagmorgen durchgehalten, bis um acht Uhr. Das Herz hat wirklich aufgehört zu schlagen. Sie haben den Tod nicht verhindern können. Ich habe den Tod nicht verhindern können. Ich lasse Sie sterben. Sie sind allein. Ich bin bei Ihnen. Sie halten meine Hand, Sie fassen mit Ihrer Hand nach meinem Arm, meiner Schulter, Sie drücken, ich spüre Ihre

Hand auf meiner Haut, ich weiß, daß Sie schon nicht mehr wissen, daß ich es bin, Yann, der bei Ihnen ist, ausgestreckt neben Ihrem reglosen Körper mit den geschlossenen Augen, und ich kann nichts tun, ich weiß, daß man nichts mehr tun kann als warten, warten auf diese Sache, dieses Wort, den Tod des Körpers. Warum hört es auf? Warum kommt es an jenem Sonntag, dem 3. März 1996, in der Rue Saint-Benoît über Sie, warum? Weil es so ist. Weil es nichts zu sagen gibt. Man kann nur den Tod feststellen. Das Herz hat aufgehört zu schlagen. Man kann also nicht mehr leben. Man ist tot. Sie sind tot. Allein. Allein vom Tod dahingerafft, könnte man sagen, und ich bleibe hier.

Ich rufe das Beerdigungsinstitut an, ich denke sofort an die Organisation der Bestattung, so bin ich beschäftigt. Ihrem Sohn mitteilen, deine Mutter ist tot, das kann ich nicht, diesen Satz kann ich noch nicht sagen. Ich rufe den Vater Ihres Sohnes an, Dionys Mascolo.

Ich glaube jetzt, der wirkliche Abschied war nicht am 29. Februar, nein, ich glaube eher, er hat ein paar Tage vorher stattgefunden. Obwohl Ihr Zustand instabil ist, kann man ein so rasches, so nahes Ende nicht vorhersehen. Es ist spät in der Nacht. Ich sitze an Ihrem Bett. Wir reden. Sie reden. Ich weiß nicht mehr, was Sie sagen. Und dann streicheln Sie meinen Arm, meine Schulter. Und das Gesicht. Mehrmals. Es überrascht mich nicht. Sie tun es oft seit einiger Zeit. Was mich an diesem Abend erstaunt, ist die Kraft, mit der Sie mich streicheln. Das Gesicht. Nein, das ist kein Streicheln, es ist, als würde Ihre Hand mein

Gesicht modellieren, als würden Sie es zeichnen, als würden Sie die Ausdehnungen des Gesichts erspüren wollen, es entstehen lassen wollen. Sie tun mir weh, und ich sage es Ihnen, ich sage, mein Gesicht wird mitgenommen aussehen. Sie antworten nicht. Sie sehen aus, als sagten Sie: Er fängt schon wieder an, er versteht überhaupt nichts. Sie fahren fort, mein Gesicht zu reiben, es mit Ihrer Hand zu formen, die Ausdehnungen des Kopfes zu erspüren, sich bereits an mich zu erinnern, um mich nicht zu verlieren und damit ich Sie nicht verliere, um mit mir zusammenzusein in dem Gesicht, mit mir, denn ich bin da und niemand sonst, es hätte jemand anderes sein können, aber das ist nicht der Fall, ich bin es und niemand sonst auf der Welt. So ist es. Ich lasse es geschehen. Sie reiben mein Gesicht immer schneller, als würden Sie mit einem Schwamm darüberwischen, als wäre es eine Knetmasse, ich lasse Sie gewähren, und dann hören Sie auf. Die Müdigkeit wahrscheinlich.

Ich weiß noch nicht, daß Ihre Hand mich zum letztenmal so streichelt, daß ich zum letztenmal mit solcher Heftigkeit von Ihnen berührt werde, als wollten Sie das Gesicht mitnehmen, als sollte es mit Ihnen, mit dem Ihren in dem Sarg verschwinden, in den man Sie legen wird. Nein, ich weiß nicht, daß es das letztemal ist. Ja, ich weiß, daß Sie sterben werden, aber da Sie hier sind, da Sie mein Gesicht streicheln, sage ich, es ist unmöglich, der Tod entfernt sich wieder, Sie sind gar nicht so schwach, Sie essen gut, Sie können gehen, Sie können sich sehr gut aufrecht halten, Sie reden mit mir, im Grunde ist alles in Ordnung, Sie werden nicht sterben, es ist unmöglich.

Und dann weiß ich wieder, es ist doch sehr gut möglich, ich weiß es seit mehreren Monaten, es wird nicht lange halten, das Leben. Und dieses Streicheln an jenem Abend war tatsächlich das letzte. Ich konnte es nicht wissen. Und Sie, haben Sie es gewußt? War es eine freundliche Art und Weise zu sagen: Es wird schon gehen, machen Sie sich keine Sorgen, Sterben ist gar nicht so schlimm? War es eine Art und Weise, mich zu behalten, noch mehr bei mir zu sein, ein letztes Mal zu lieben, eine Art Dank? War es eine Art und Weise, mich mit Ihnen sterben zu lassen? Indem mein Gesicht von Ihrer Hand zerstört würde? Ich weiß nicht, ich kann es nicht sagen. Man weiß es nicht. Nur Sie können es sagen. Sie sind nicht da, um es zu bestätigen, denn Sie sind an jenem Sonntagmorgen um acht Uhr in der Rue Saint-Benoît Nr. 5 in Paris gestorben. In Ihrem Bett. In jenem Zimmer, in dem Sie so viel geschrieben haben und wo ich seit dem Sommer 1980 mit Ihnen lebe. Jenem nun nicht mehr bestehenden, aufgelösten, renovierten, frisch gestrichenen Zimmer, in dem wir nicht mehr sind, weder Sie noch ich, sondern andere Leute, andere Geschichten, andere Verrücktheiten, andere Leben. Wir sind draußen. Sie am Boulevard Edgar-Quinet Nr. 3, ich in der Rue Saint-Benoît, in einem anderen Zimmer, mit einer anderen Hausnummer. Ein weißes Zimmer. Ein Zimmer mit einem Bett. Ein Zimmer, in das Sie nicht kommen. Ein Zimmer, das Sie mir gegeben haben. Dieses Zimmer, das ich jetzt ertrage. Ohne Sie. Denn Sie sind tot. Denn Sie sind nicht da. Denn das Zimmer des Schreibens ist verschwunden.

Sie wissen, nein, Sie wissen nicht, ich sage es Ihnen: Seit dem 16. November 1998 gehe ich wieder auf den Friedhof Montparnasse. Ich kann wieder dorthin gehen und den weißen Stein betrachten. Ich kann wieder den Namen, den Vornamen und die Jahreszahlen lesen. Ich sehe, daß der weiße Stein gealtert ist, ich sehe, daß die Farbe schmutzig geworden ist, daß der Stein viel Regen, Sonne, Wind abgekriegt hat, ich sehe, daß Blumen darauf gelegt worden sind, sie sind dort verfault, der Stein ist schon antik geworden, Sie sind schon sehr, sehr lange dort eingeschlossen. Man sieht nur den Namen, der Körper ist im Begriff zu verschwinden, sich vollkommen aufzulösen.

Es gibt dort nichts zu sehen.

Der Name steht da, und das ist alles.

Ich verstehe es, und ich kann ohne Tränen, ohne Kummer hierher kommen. Ich kann auf den Wegen gehen, den Duft der Linden riechen, und ich kann andere Namen lesen.

Ich beseitige die verwelkten Blumen, ich werfe die alten Töpfe weg, der Name soll immer sichtbar bleiben, es ist unglaublich, wie wenig man offenbar weiß, daß es ungemein stört und ungehörig ist, den Namen mit Blumen zu verdecken. Na gut, es ist nicht so schlimm, es ist eine Art Naivität, Blumen aufs Grab zu legen, kleine Steine, Metrofahrkarten, Bonbons, Zettel, Kerzen. Ein Haufen Plunder bedeckt den weißen Stein. Ich lasse alles liegen, und manchmal räume ich ab. Alles in die Mülltonne. Ich will nichts auf dem Stein als den Namen, den Autorennamen und den Blumenvornamen, dieser ganze Schmuck, dieser Ramsch sind unnötig.

Und doch lasse auch ich mich dazu hinreißen. Zu dieser uralten Naivität der ersten Menschen. Eines Tages kaufe ich drei Margeritentöpfe. Ich stelle sie neben den eingravierten Namen. Lächelnd sage ich: Da steht das Wort, da steht das Ding. Es ist unnötig, und doch möchte ich manchmal Tausende von Blumen, ganze Arme voll Blumen auf den weißen Stein häufen. Damit Ihr Grab das Schönste, das Blühendste, das Geliebteste sei. Nein, ich tue es nicht, nie, nur dies eine Mal die drei Blumentöpfe, und das ist alles.

Ich mache einen Rundgang über den Friedhof, ich lese die Namen und die Jahreszahlen, das Geburts- und das Todesjahr, ich betrachte all die Grabmale, all die Steine, all die genannten Personen. All den Kummer, den ich nicht kenne. All diese toten und begrabenen Leute und all die anderen, die kommen werden, jene, die um den Friedhof herum sind, in der Stadt, jene, die sich lieben, die lächeln, und all die anderen, die leiden, die lebensmüde sind, die morgens mit Mühe aufstehen, was machen diese Leute aus ihrem Leben, frage ich Sie, nichts machen sie, sie warten, ohne es recht zu wissen, auf den Tag ihres Todes, wie auf eine Erleichterung vielleicht, man weiß es nicht, sie sind in der Stadt, sie trinken etwas in diesem Montparnasse-Viertel, im Rosebud, im Select oder in der Closerie des Lilas. Abends ein Glas, das Klavier spielt die alten Schlager, *My way*, und noch ein Glas, man lebt, man ist nicht tot, man hat keinen Kummer, man liebt den ersten besten, man lächelt, man lacht laut heraus, man redet, so ist das Leben, man ist da, man singt *My way*. Man ist nicht tot. Keineswegs. Und das macht einen enormen, unaufholbaren Unterschied. So einfach ist das. Und am nächsten Tag muß man aufstehen, muß man wieder anfangen. Man sagt, nie wieder so viel trinken, aber das ist zu hart, es nützt nichts. Man ist nur noch ärmer. Und man hält es natürlich nicht aus, man geht wieder in die Bars, man redet mit den Barkeepern, diesen Männern im weißen Jackett, sie verstehen einfach alles, ein paar Worte genügen, und man fühlt sich besser.

Ich wandere auf den Wegen dieses Montparnasse-Gartens umher. Jetzt kann ich das, und dabei an Sie denken oder nicht, je nachdem, ich lege immer die gleiche Strecke zurück, mache die gleichen Schritte. Ich gehe. Und hebe den Kopf. Und gehe besser und atme besser und bin draußen und gehe. Ich weine nicht. Nein. Ich bin ohne Sie ein anderer geworden. Und auch mit Ihnen, denn ich schreibe Ihnen, denn auch das kann ich.

Ich verlasse den geschlossenen Bereich des Friedhofs. Ich gehe hinaus in die Stadt. Auf Taxis verzichte ich jetzt. Ich kann allein durch die Stadt marschieren, an den Quais entlang bis zum Trocadéro, manchmal betrete ich den Friedhof von Passy und schaue mich um, auch hier ist alles in Ordnung, alles aufgeräumt, pompöse, geschmückte Gräber und einfache, anonyme und solche mit Namen, Jahreszahlen, Geburtsjahr, Todesjahr, und immer wieder ein neuer Name, ein vergessener Name, der aus der Vergessenheit heraustritt, weil ich da bin und ihn lese. Ja, das tue ich, seit ich wieder in Paris bin, frühmogens wandere ich durch die Straßen, durch die breiten Avenuen, ich beginne, mich vom Friedhof zu entfernen, immer weitere Ausflüge zu machen, aber ich kehre auch dorthin zurück, ich kann nicht anders, ich bewache, ich hüte den Namen.

Und Anfang des Jahres 1999 kehre ich zurück in die Rue Saint-Benoît. Ich kann es, kann in diese Straße gehen, in diesem Zimmer bleiben, das jetzt weiß ist, selbst die Balken habe ich weiß streichen lassen, welche Freude, nicht mehr diese dunkle Farbe über dem Kopf zu haben. Ich schlafe eine erste Nacht in der Rue Saint-Benoît, dann eine zweite, und dann bleibe ich dort. Es ist geschafft. Ich kann dort bleiben, in diesem Zimmer, das Sie mir zugedacht haben. Und ich kann wieder ins Café Flore gehen. Eine Ewigkeit hat man Sie nicht gesehen, sagen die Kellner mit der langen weißen Schürze. Das stimmt: eine Ewigkeit. Drei Jahre. Das ist nichts. Es brauchte all diese Zeit, diese leere Zeit, diese Nicht-Zeit, dieses Nichts-Tun, dieses Nicht-Sprechen, vor allem nicht über Sie sprechen, mit niemandem, ich kann Ihren Namen nicht aussprechen, ich kann ihn nicht sagen, zu niemandem, und ich will nichts hören, niemand soll etwas sagen. Es gibt nichts zu sagen. Als wollte ich Sie bei mir behalten, mit Ihnen eingesperrt bleiben, als würde ich mich zu Ihnen in dieses Loch legen, während ich einen gangbaren und nicht schmerzhaften Weg suche, mich umzubringen, und es doch nicht tue. Während ich literweise Wein trinke, täglich drei Schachteln Zigaretten rauche und nur noch stumpfsinnig vor mich hin vegetiere. Ich nehme immer mehr zu, mein Körper wird fett und fetter, beängstigend. Die Tage vergehen und nichts passiert, morgen ist es vorbei, weil ich tot sein werde, das ist absolut sicher, und dann doch nicht, sehen Sie, nein, ich bin noch da, today, ich schreibe Ihnen die ganze Geschichte, meine und Ihre. Was für eine Geschichte.

Es ist nicht alles. Warum? Wer sind Sie? Ich stelle die Frage. Was weiß ich von Ihnen, und was wissen Sie von mir? Was ist das für eine Geschichte zwischen Ihnen und mir seit dem Sommer 1980 und vorher, alle diese Briefe, Hunderte von Briefen, ich habe Ihre Briefe aufgehoben, manche sind wunderbar, das sagen Sie Jahre später, Sie machen ein Buch daraus und nennen es *Yann Andréa Steiner*, man weiß das alles, es ist öffentlich, Sie haben diese Geschichte auf der ganzen Welt öffentlich gemacht. Warum? Es gibt nur immerzu die gleiche einfache und banale Geschichte, für alle, von jeher, überall auf der Welt, mit Streit, mit Ich liebe dich, du gefällst mir, was für ein Ereignis, immer das gleiche.

Und was noch. Wahrheit. Das ist es. Und man muß das Leben durchmachen und ebenso die Lügen, die Bücher und die Liebe, einander lieben, was liebt man am anderen, das frage ich Sie.

Lieben Sie mich, sagen Sie es mir, heute frage ich Sie.

Die Wörter sind abgenutzt. Man kann sie nicht sagen. Man kann sie kaum schreiben. Kaum. Ja, deshalb höre ich auf. Um das Schweigen herum, zwischen Schweigen und Schweigen aber schreibe ich Ihnen ein paar Worte, einen Brief, den ich fortsetze, ich kann nicht umhin, Sie wissen es. Seit einigen Monaten kann ich Ihnen schreiben. Ich bin froh darüber, ja, es ist wie ein Glück, so könnte ich sagen.

Am 8. März 1999 habe ich in der Kirche Saint-Germain-des-Prés eine Messe für Sie lesen lassen. Das wollte ich. Für mich. Und an diesen Ort zurückkehren, in den leeren Raum dieser Kirche, wo Sie vor drei Jahren ein letztes Mal waren. Eingeschlossen in dem Sarg aus hellem Holz.

Ein paar Schritte von mir entfernt Ihr eingeschlossenes Gesicht, das ich nicht zu berühren wage. Ich will es so. Sie können nichts dafür. Es kann nicht schaden, weder Ihnen, noch mir, noch Gott, der weiß, um was es geht.

Ich tue nicht, was mir richtig scheint, ich tue nicht, was mir gefällt, nein, glauben Sie das nicht, ich folge einer echten Notwendigkeit, die ich nicht vollständig kenne. Sonst gäbe es keine Besuche im Garten, keine Messe, keine Blumen, keine Briefe, nichts, nicht einmal das denkende Schweigen, nein, nichts als ganz einfach Sie und ich vor Gott. Wir werden dahin kommen. Lachen Sie nicht, sagen Sie nicht, ich fange schon wieder an, sagen Sie nicht, ich sei ein Clown, nein, sagen Sie das nicht, ich weiß es genausogut wie Sie. Und doch.

Was? Wer sollen Sie sein? Schließlich werden Sie es sagen.

Nein. Ich kann es Ihnen nicht sagen. Ich weiß es selbst nicht. Nicht ganz.

Wir beide betrachten die Welt, all die Gesichter auf der Welt, wir betrachten sie und sagen: Was tun? Was tun mit all diesen Leuten? Und wir mittendrin, was sind wir? Das ist manchmal schwierig. Manchmal weinen wir, manchmal sind wir kurz davor, alles aufzugeben, uns und einander und das ganze Leben. Wir verstehen nichts mehr, wir sehen es nicht mehr. Und dann fängt es doch wieder an, es hört nicht auf. Ich schreibe Ihnen. Manchmal funktioniert es, manchmal glaubt man alles, wie ein Kind es könnte. Glaubt an die Ewigkeit eines jeden, sobald er angeschaut wird. Und ich schaue Sie an. Ich sehe ganz deutlich Ihren Blick, ich lese die Bücher, all die Bücher mit immer demselben Autorennamen.

Und was tun Sie? Sie machen es wie ich, Sie tun, was Sie immer getan haben: Sie schauen mich an. Sie schauen die ganze Welt an. Sie tun nur das. Das ist enorm viel, und es kostet Sie enorm viel Zeit, eine Zeit, die Sie erschöpft, eine Zeit, die Sie umbringt. Es konnte nicht immer so weitergehen. Eines Tages mußte es aufhören. Und am 3. März 1996 hört es auf. An einem Sonntag.

Ich bin da.

Wo?

Hier. Und dort.

Das ist unmöglich.

Doch, ich weiß es. Ich kann es Ihnen nicht recht sagen. Also schreibe ich Ihnen. Verstehen Sie?

Ja, ich verstehe. Wir sitzen im schwarzen Auto, wir fahren auf den Straßen des Departements Yvelines, wir hören die Cellosuiten von Bach oder die Variationen, wissen Sie, die ertönen, wenn der blaue Lastwagen über die gleichen Straßen rollt, dieser Lastwagen mit der Dame und dem Fahrer, der nicht versteht. Sie sagt: Es lohnt nicht, die Welt soll zugrunde gehen. Sie lacht.

Wie lieben wir diese Musik, wie lieben wir diesen blauen Lastwagen, der fährt, ohne zu wissen warum. Man weiß nicht, wohin er fährt. Und diese Dame, diese Trivialität einer aus irgendeinem Gefängnis entkommenen Königin, wir lieben sie wirklich.

Ja, wir lieben sie.

Und Ernesto, dieses Kind aus *Sommerregen*, ist auch nicht weit, er treibt sich herum, er ist in allen Büchern, überall. Er liest seinen brothers and sisters aus dem Buch des Predigers Salomo vor.

Er könnte Balthazars Bruder sein.

Ja. Er ist sein Bruder. Brother. Sie kennen sich nicht, das ist nicht nötig, sie sind einzeln zusammen auf dieser Welt. Auch das Kind mit den grauen Augen ist mit ihnen auf der Welt. Und mit Ihnen. Ich sehe: Sie gehen, sie kommen und gehen, sie schauen sich nicht an, nicht nötig, sie sind gleiche, die gleiche Unschuld, die gleiche vollendete Grazie, für nichts, nur so auf der Welt, sie gehen, sie spazieren umher, manchmal werden sie erkannt, manchmal gesehen, manchmal betrachtet. Sie verlieren den Boden unter den Füßen, sie wissen nicht, wie sie mit den Blicken umgehen sollen, die sie betrachten. Sie haben Angst vor ihrer eigenen Unschuld, Angst, Unheil anzurichten, Angst, wehzutun, Angst vor allem. Sie möchten sein wie alle, sie möchten nicht einzeln sein. Nicht außerhalb der Welt. Sie wachen. Sie sind auf der Welt mit uns. Für uns.

Ja, ich höre, was Sie sagen. Und ich sehe dies: Wir sind im Zimmer, und Sie diktieren *Sommerregen*. Der vollständige Titel war: Gewitterhimmel, Sommerregen. Dieses Gleichmaß des Satzes. Und dann heißt es, das sei zu lang, Sie beschließen, den ersten Teil wegzulassen. Die vollständige Wendung steht im Buch.

Sie haben neun Monate in der Klinik Laennec verbracht. Neun Monate schlafend, Tag und Nacht künstlich beatmet, allein können Sie nicht atmen. Ich komme jeden Tag und sehe einen atmenden Körper daliegen. Es ist Herbst 1988. Zum Jahreswechsel liegen Sie immer noch da, stumm, an diese Maschine angeschlossen, die Sie atmen läßt. Und dann bewirkt, ich weiß nicht, ein Virus oder eine Mikrobe, daß es Ihnen sehr schlecht geht, daß der Blutdruck sehr niedrig ist, daß ihr Körper auskühlt, man setzt Ihnen eine Mütze auf, wickelt Sie in eine Decke ein, man ist sehr besorgt, ich glaube schon, es ist vorbei, man kann fast nichts mehr machen. Man wird sehen. Warten. Man weiß nicht. Und dann beschließt man, Sie aufwachen zu lassen, man setzt die Schlafmittel ab.

Sie öffnen die Augen.

Sie sehen mich.

Sie sind nicht erstaunt. Ich bin da. Sie leben auf, Sie sind am Leben, und Sie sagen: Wir werden mit Ernesto weitermachen. Sobald ich hier herauskomme, werde ich diesen Text fertigstellen.

Bis zur Rückkehr in die Rue Saint-Benoît werden noch mehrere Monate vergehen. Von der Klinik aus machen wir einen Ausflug. Es ist im Sommer 1989. Zum erstenmal seit neun Monaten dürfen Sie hinaus. Wir fahren mit dem Auto, Sie mit der Sauerstoffflasche, die Sie noch brauchen, und ich. Sie sagen: Fahren wir in den Bois de Boulogne, ein bißchen frische Luft. Wir fahren hin. Alles ist grün. Alles ist da, grün. Die Bäume. Sie weinen. Sie sagen: Das hatte ich vergessen, all die Bäume, all das Grün, wie kann man das vergessen, was macht man ohne dieses Wunder, es ist unmöglich, das nicht mehr zu sehen, die Bäume, den Wald.

Sie weinen.

Ich fahre ganz langsam durch den Bois de Boulogne, ich schaue Ihnen zu, wie Sie schauen, ich lasse Sie allein schauen und weinen über so viel Schönheit.

Sie sagen: Die Welt ist unglaublich.

Wir fahren im Auto durch den Bois.

Sie wollen nicht zurück. Ich sage, es muß sein, das Abendessen wird sehr früh serviert. Sie sagen: Die können warten, was die mir zu essen geben, ist ekelhaft, passen Sie auf, wir kaufen uns Sandwiches, wir fahren zu Ladurée. Das sind die besten Sandwiches der Welt, als Studentin ging ich dorthin, wenn ich Geld hatte. Die Sandwiches mit Gänseleber, einfach wunderbar. Auf geht's, wir werden zu spät kommen, aber das macht überhaupt nichts.

Wir fahren in die Rue Royale. Ich kaufe verschiedene Sandwiches und Schokoladenmakronen.

Wir kehren in die Klinik zurück, die beiden Tabletts stehen auf dem Servierwagen, das Essen ist unter einer Edelstahlhaube verborgen. Sie nehmen sie hoch, schauen und sagen: Unmöglich. Sie läuten, Sie sagen: Das kann man nicht essen. Auf keinen Fall. Wir haben unsere Sandwiches. Man räumt ab. Wir essen. Sie sagen: Es gibt nichts Besseres, und die Makronen, unglaublich.

Ende Juni ist es warm, das Massaker vom Tien-an-men-Platz findet statt, Sie weinen beim Anblick der Bilder von den ermordeten jungen Chinesen. Wir kehren in die Rue Saint- Benoît zurück. Es gibt kiloweise Briefe. Sie sitzen an Ihrem Tisch und öffnen alle Briefe. Sie rufen Paul Otchakovsky-Laurens an und sagen, der Text wird sehr bald fertig sein, ja, es geht mir sehr gut, alles geht gut. Ich werde schreiben, das heißt, ich werde versuchen, diese Ernesto-Geschichte zu Ende zu bringen. Und vielleicht einen Film machen. Das würde ich gern.

Ja, Sie schreiben wie im Glück, lachend, mit fabelhafter Leichtigkeit. Sie sind unverändert. Und die Wörter kommen, und ich tippe, und wir lachen viel mit den brothers und sisters und diesem Kind, das allein ist, diesem Ernesto, der den Prediger Salomo liest und nicht weiß, was er tun soll, um diese Familie aus Vitry-sur-Seine zu retten, so viel Liebe, er weiß nicht, wie er es machen soll, alles aufgeben, weggehen, sich umbringen, nein, sie lieben, die Mutter, den Vater, die Brüder und Schwestern und das verbrannte Buch und den riesigen Baum, derart allein, es ist zum Heulen.

Wir fahren nach Vitry, wir sehen uns den Baum an.

Einen Monat lang fahren wir jeden Tag nach Vitry. Wir betrachten den Baum. Wir fahren an die Seine. Sie steigen aus dem Auto aus: Man kriegt nie genug von diesem Fluß, von all den Flüssen der Welt, von diesem Vom-Wasser-Durchströmtsein der Welt.

Sie haben die Ellbogen aufs Geländer aufgestützt.

Sie sagen nichts. Sie schauen geradeaus.

Auf den Fluß. Auf etwas jenseits des Flusses?

Wir kehren zurück in die Rue Saint-Benoît, der Text kommt voran. Der Film wird gedreht werden, er heißt *Les Enfants*, und das Buch erscheint ein paar Monate später im Verlag POL. Es heißt *Sommerregen*. Es ist Anfang 1990.

Januar 1996.

Sie haben Ernesto nicht vergessen, das verbrannte Buch, das offene Buch, wie kann man es vergessen, das ist unmöglich, selbst wenn man es nicht liest, bleibt es da, man trägt es im Herzen.

Ich sage: Es ist unser Herz.

Die Wörter von *C'est tout. Das ist alles.* Das verschwindende Buch. Sie erfinden die Worte des Predigers Salomo neu. Während es fast vollbracht ist. Während die Agonie begonnen hat, sagen Sie zu mir: Alles hat seine Zeit. Eitelkeit der Eitelkeiten. Dunst der Dünste. Sie reden, als wären Sie schon nicht mehr von dieser Welt, nicht mehr bei mir. Sie sagen: Wer hat das geschrieben, wer hat diese Worte geschrieben, und ich tippe, nein, ich schreibe diese neue Version des Predigers Salomo von Hand. Sie wissen nicht, daß Sie das tun, oder kaum, und doch tun Sie es, wie seit jeher, wenn Sie schreiben. Kurz vor dem Sterben, bevor Sie Ihr Leben lassen, wie man sagt, was für ein Leben, sagen Sie diese Worte des Predigers Salomo, von Ihnen durchgesehen und verbessert. Von Ihnen allein. Vor mir. Es ist ein sehr kurzer Moment. Es dauert ein paar Minuten. Sie sind erschöpft, ermattet. Zum erstenmal höre ich diese nie zuvor gehörten Worte: Sie können sich nicht vorstellen, wie müde ich bin.

So müde, daß nichts mehr zu machen ist. Warten, bis Sonntag, 3. März 1996, um acht Uhr morgens.

Sie sagen: Glauben Sie, es ist heute abend? Ich sage, nein, wir werden diesen Text beenden, Sie werden noch schreiben. Sie diktieren mir noch ein paar Worte, und dann ist es aus, Sie sagen, es ist aus, mit Duras ist es aus. Ich schreibe nicht mehr.

Ein paar Tage später ist es vorbei. Das Herz hat aufgehört zu schlagen. Was tun mit dem toten Körper. Ihn nicht mehr sehen, ihn so schnell wie möglich in dem Loch des Friedhofs Montparnasse vergraben. Es gibt nichts zu sehen. Es ist aus. Doch nein, es geht weiter, der Name bleibt. Die Titel der Bücher. Und vielleicht noch mehr. Man weiß es nicht. Man kann glauben, daß Sie nicht verlassen sind, man kann glauben, daß andere Hände Sie streicheln, Ihr Gesicht zum Beispiel, man kann an eine Zeit glauben, die wir uns überhaupt nicht vorstellen können, überhaupt keine Zeit, das ist unmöglich zu denken für uns, die Lebenden, die wir in der Zeit der Welt eingeschlossen sind. Und Ihre Abwesenheit bedauern und an manchen Abenden die Telefonnummer der Rue Saint-Benoît wählen, es läutet im Leeren, man wählt erneut, man glaubt, Sie sagen vielleicht, wo sind Sie, kommen Sie, ich warte auf Sie, ja, an manchen Abenden macht man solche Dinge, man wird blöde, man wird verrückt, nicht vor Kummer, nein, nicht vor Traurigkeit, man wird verrückt, weil man nicht wirklich versteht. Weil man keinen unwiderlegbaren Beweis für Ihre Existenz hat. Da macht man irgendwelchen Blödsinn.

Ich tue nichts. Ich warte. Ich denke an nichts. Nicht an Sie. Wie soll man denken, was nicht denkbar ist, was uns nur machtlos und arm macht. Und näher zusammen bringt.

Doch ich bin da. Ich schreibe Ihnen. Schreibe Briefe, kleine Mitteilungen, keine Literatur, nein, das nicht, es geht einfach darum, bei Ihnen zu sein in dieser vollständigen Abwesenheit, von der man nichts weiß, es geht einfach darum, am Leben zu sein. Und nichts tun zu müssen, außer denken. An Sie. An all die anderen Toten. Die mir bekannten und die mir unbekannten, an all die Namen, die ich im Garten von Montparnasse lese. Ihren Namen. Die anderen Namen. Und die Jahreszahlen, Geburt und Tod.

Und an all die Lebenden denken.

An uns als Lebende. Und wie wir lieben und schreiben und schauen und schreien und Schubert hören, alles neu lernen, uns lieben wie nie zuvor, mehr als alles auf der Welt, mehr als alles andere. Aber das geht allen so, man muß nicht glauben, daß es Ausnahmen gibt. Auch unsere Geschichte ist keine.

Sagen Sie mir, wer ist dieser Frédéric, dem Sie so viele Briefe schreiben?

Das ist jemand, der schreibt. Das ist jemand, der sich nicht umbringt. Der schreibt wie ein Wahnsinniger. Das ist jemand, der weiß und der nicht wissen will. Er ist verrückt. Nach Gott. Er weiß nicht, wie er damit umgehen soll. Er weiß nicht, wie er mit mir umgehen soll. Er will mich nicht sehen. Er liebt mich. Er sagt: Schweigen Sie. Er weiß nicht, was er machen soll. Und ich bin da. Und warte. Verstehen Sie?

Ja. Lassen Sie. Machen Sie nichts. Bleiben Sie, wie Sie sind. Ich bin da, von Ihnen getrennt, doch ich denke an Sie, sehen Sie, ich weiß nicht, wie ich sagen soll, ich weiß nicht einmal, wie es möglich ist, aber es kommt vor. Ich sehe Sie. Sie hängen in den Bistros herum, Sie fangen wieder mit dem Theater an, Sie schreiben dem erstbesten, Sie werfen sich jedem an den Hals, Blumen vom ersten Lächeln an. Sie wissen nicht, was Sie mit sich anfangen sollen. Mit Ihrem Körper. Mit Ihrem Geist.

Frédéric, der Sie liebt, wie Sie sagen, was werden Sie mit ihm machen? Und was wird dabei aus mir?

Ich behalte Sie beide. Ich bin eingeschlossen im Zimmer der Rue Dauphine und behalte Sie beide. Sie und ihn. Ja. Ich trenne Sie nicht. Ich will alle. Und mehr als alles auf der Welt diese Liebe zu Ihnen. Aber zu was von Ihnen, zu was von ihm, was lieben, wen?

Sie wissen, daß es nur mich gibt. Sie kommen immer wieder zurück. Sie können nicht anders.

Frédéric, das ist nicht nur eine Liebesgeschichte. Nein, es ist etwas anderes.

Und was?

Und nichts.

Los, kommen Sie. Fahren wir nach Versailles, in den Garten des Königs, in diesen Park, den Sie so lieben, ich möchte gern dorthin. Die herrlichen Pinien sehen, sie wachsen hoch in den Himmel, ich mag sie sehr, diese italienischen Pinien, ja, kommen Sie, vergessen Sie, schauen Sie mit mir den Park an, die Wege, diese einfache Geometrie, die so wohltut, diese leere Perfektion, das Versprechen eines vollkommenen Gartens, eines Gartens, in dem alles wahr wäre, die Bäume und die Blumen und die Vögel, und die Menschen, und wir darin, Sie und ich. Wir könnten Frédéric mitnehmen, wenn Sie wollen, ich würde ihn gern kennenlernen, vielleicht stimmt es, was Sie sagen, vielleicht liebt er Sie, es ist nicht unmöglich. Why not? Los, kommen Sie. Wir können nicht warten. Und wir werden Balthazar zu uns nehmen. Es gibt keinen Grund für ihn, ohne uns zu sein.

Im März dieses Jahres 1999 bin ich in Japan. Das französisch-japanische Kulturinstitut lädt mich ein. Es ist meine erste Reise nach Japan, meine erste so weite, so lange Reise, zwölf Stunden Flug, meine erste Auslandsreise ohne Sie. Die erste Reise, zu der ich allein eingeladen bin. Man zeigt *L'Homme Atlantique*. Ich schaue den Film nicht an. Ich kann nicht. Weder Ihre Stimme hören, noch mein Gesicht sehen. Dieser Text, den Sie sprechen, über mich, über das Gesicht mit den Schatten unter den Augen, über mich, der von Ihnen angeredet, von Ihnen genannt wird, der fotografiert wird, wie er allein in jenem Sessel in der Halle des Roches Noires in Trouville sitzt, nein, ich kann den Film nicht sehen.

Das Licht geht wieder an. Der Saal ist voll. Ich sitze auf der Bühne vor einem Mikrofon. Eine erste Frage, und dann beginne ich zu sprechen. Über den Film, über Duras, über diejenige, die sich so nennt, über diesen weltweiten Namen, wie Sie lachend sagen, diesen geradezu kosmischen Namen, fügen Sie hinzu, ja, zum erstenmal nach fast zwanzig Jahren spreche ich.

Ich bin allein vor einem vollen Saal und habe keine Angst, ich spreche.

Und was sagen Sie?

Ich sage: Der Film *L'Homme Atlantique* wurde zum erstenmal 1982 auf einem Festival in Montreal gezeigt. Ich habe die Kopie in meinem Koffer transportiert. Ich war sehr stolz und hatte Angst, der Film könnte vom Zoll beschlagnahmt werden, weil keine offizielle Genehmigung vorlag. Was für eine Katastrophe, wenn ich ohne Film in New York angekommen wäre. Nein, der Koffer wird nicht durchsucht.

Ich treffe Sie in New York beim Kulturattaché in der 5th Avenue, vor dem Central Park. Sie sagen: Schauen Sie sich diesen Park an. Man trinkt etwas. Man will mir ein Zimmer geben, Sie sagen: Ein Zimmer für ihn, das ist nicht nötig, glauben Sie vielleicht, er kann ohne mich schlafen?

Schweigen.

Am nächsten Tag fahren wir mit dem Bus ans Meer. Mit der Fähre setzen wir auf eine Insel über. Sie sagen: Schauen Sie, Yann, das Meer, der Fluß, schauen Sie. Und dann: Hier muß man cheese cakes essen, es sind die besten der Welt. Wir essen cheese cakes. Morgens und abends. Wir trinken Weißwein. Wir betrachten die Wolkenkratzer. Wir fahren in den ich weiß nicht mehr wievielten Stock des höchsten Gebäudes der Stadt. Wir schauen auf New York. Sie sagen: Ich habe Angst, das hält alles nicht, das kann alles einstürzen, und was wird dann aus uns, kommen Sie, wir gehen. Ich kann nicht mehr.

Wir sind draußen. Sie sagen: Diese großartige, unmögliche Stadt.

Wir kommen nach Montreal. Der Zuschauerraum ist voll. Dunkel. Sie haben gebeten, alle Lichter zu verdekken, auch die der Notausgänge.

Ich will totale Dunkelheit, sonst gibt es keinen Film. Vollkommenes Schwarz. Der Film beginnt schon, bevor er auf der schwarzen Leinwand begonnen hat. Das Schwarz ist eine Farbe.

Der Zuschauerraum ist also absolut schwarz. Und der Film beginnt. Sie sitzen neben mir, Sie drücken ganz fest meinen Arm, ich schließe die Augen, ich kann mich auf der Leinwand nicht sehen. Mich nicht anschauen. Ich höre Ihre Stimme im Schwarz der Leinwand, im Schwarz des schweigenden, den geschriebenen Worten lauschenden Saals, an wen sind die Worte gerichtet, mit wem sprechen Sie, während Sie mich ansprechen, während Sie mich beschreiben. Man weiß es nicht.

Die Lichter gehen wieder an. Der Saal applaudiert. Sie stehen. Sie grüßen, Sie applaudieren.

Ich schäme mich. Ich bleibe sitzen, ich kann mich nicht verstecken. Niemand sieht mich. Es gibt nur Sie, nur Sie, gesehen von diesen Hunderten von Menschen, nur diesen weltbekannten Namen, nur diesen Film, *L'Homme Atlantique*.

Ich kann nicht aufstehen. Sie gehen auf die Bühne und beantworten die Fragen der Zuschauer.

Ich bin sehr stolz, daß dieser Film hier in Montreal, in Kanada, gesehen wird. Und nicht in Paris, in Frankreich. Sie verstehen hier alles, Sie sind wunderbar.

Bravorufe, Bravorufe, und Sie lächeln, und Sie schauen auf all die Leute, die Ihnen zuklatschen, und es sieht so aus, als seien Sie glücklich, ich jedenfalls bin glücklich, Sie so zu sehen.

Ich habe Angst, daß Sie meinen Namen aussprechen. Sie tun es nicht, Sie sprechen vom Schwarz, von der Farbe Schwarz, den verschiedenen Arten von Schwarz, davon, was ein Bild ist, daß das Schwarz der Leinwand eine

Farbe ist, etwas, das existiert. Daß, ja, daß ein Film auch ein Buch sein kann, das man liest. Daß man eine Stimme lesen kann, die Wörter sagt. Daß dieses fotografierte Gesicht der Atlantik Mann ist.

Und ich bin allein hier in Tokio vor einem vollen Saal und erzähle von Montreal. Und ich sage: Ich bin glücklich, daß der Film auf der anderen Seite der Erde gesehen wird, daß dieser Film um die Welt geht. Ich bin stolz, hier in Tokio zu sein. Mit diesem Film. Mit der Stimme dieses Films, der Anwesenheit dieser Stimme, die Sie gehört haben, ja, diese Stimme ist heute abend hier in Tokio bei uns. Und ich bin da, um Ihnen das zu sagen, daß die Autorin des Films bei uns ist, denn wie sollte es anders sein.

Sie sind einfach da.

Nein, ich weine nicht. Nein, ich halte die Tränen zurück. Ich weiß, daß wir, together, seit langem getrennt und doch zusammen sind. Das gilt für alle. Man wagt es sich nicht zu sagen, man hat Angst, es sich zu sagen, trotzdem muß man es sagen und schreiben, es ist wahr.

Ich weine, wenn ich das Bedürfnis habe. Ohne Zurückhaltung. Ich erfinde.

Und um vom Film wegzukommen, um von der Ergriffenheit wegzukommen, sage ich: Ein junger japanischer Student, der sehr gut Französisch spricht, hat mir heute nachmittag in einem Park, ich weiß nicht, wie dieser großartige Park heißt, gesagt, das Wort Himmel entspricht im Japanischen dem Wort Leere. Es ist dasselbe Wort. Und das ist wunderbar. Ich glaube, das hätte ihr gefallen, jener, die schreibt, die liebt, die es nicht erträgt, die nichts erträgt, weder die Welt noch sich selbst, noch mich, nichts mehr erträgt, nichts mehr will. Und jener, die zur Seite zurückkehrt, zu den Wörtern, sie kann es nicht ändern, sie kehrt immer wieder dahin zurück, los, ich werde Ihnen etwas diktieren, dann werden wir schon sehen, ja, Sie kommen wieder an den Tisch, zu mir, der ich warte, und, ja, ich glaube, die Leere ist da, immer, und man muß diese Leere leer halten, um diese Leere herum schreiben, sie nicht ausfüllen, die Leere offenlassen. Und der Himmel erschiene in dieser Leere.

Jener Satz, der uns so entzückt: Das hier ist S. Thala und danach ist immer noch S. Thala. Ja, es gibt kein Anderswo, kein Jenseits, nur hier und jetzt, in Tokio, in Montreal, überall auf der Welt, in Kalkutta, in Paris, in Vancouver, im schwarzen Zimmer, immer diese Leere, die man leer lassen muß, dieses Nichts, um das herum man Liebesgeschichten schreibt, einfache Geschichten, von Menschen, die sich lieben, die sich verlassen, die es nicht schaffen, von armen Menschen, die lieben, die es um jeden Preis versuchen wollen, wieder und wieder. Und Wörter zum Sprechen, Schreiben, Hören, dieselben von Anbeginn an bis zum Ende aller Zeiten. Zum Schweigen. Zum Lieben. So sehr. Es gäbe keine Wörter. Nicht mehr nötig. Und das zu schreibende Buch wäre *Das verschwindende Buch*, jenes Buch, das nicht erscheinen wird, denn Sie sind bekanntlich am 3. März 1996 gestorben.

Trotzdem muß man Bücher schreiben, man muß das durchmachen. Sich nicht an einem heroischen Schweigen festhalten, nein, im Gegenteil, so einfach wie möglich schreiben, sich nicht um die Wörter kümmern, nicht suchen, es gibt nichts zu finden, man weiß es, man weiß alles, nein, fangen Sie an, lassen Sie sich gehen, lassen Sie es zu, lassen Sie sich mitreißen, sehen Sie, wie ich es mache, ich kümmere mich um nichts, man erzählt mir vom Duras-Stil, wie Sie es machen usw. ..., ich mache eben nichts. Ich schreibe. Das ist alles. Daran ist nichts heilig. Weder die Wörter noch Sie, noch ich. Es ist etwas anderes. Was aus Versehen erreicht wird. Und manchmal schafft man es, ohne es zu wollen, der Satz ist da, steht geschrieben, und er bedeutet nichts, er bedeutet etwas anderes, man ahnt es, und manchmal läßt er etwas sehr deutlich werden.

Die Stimmen in *India Song*: Das Licht war so hell, daß ...

Ja, die Off-Stimmen von *India Song*. Ich liebe sie. Ich habe sie erfunden. Ich habe sie geschrieben. Ich habe sie gefilmt. Dieser Ball, der kein Ende nimmt. Der Schrei des Vize-Konsuls. Sehen Sie, manchmal geschieht es in einem einfachen Satz: Das Licht war so hell, oder auch: Ich möchte sein wie Sie, an Ihrer Stelle, zum erstenmal hier auf den Inseln ankommen, ja, in solchen, allerdings geschriebenen Worten der gewöhnlichen Konversation glaubt man manchmal etwas anderes zu sehen, hört man die Leere, von der Sie sprechen. Vielleicht. Ich schreibe, ich tue nur das. Das übrige weiß ich nicht.

Und was würden Sie sagen, was dem Wort absolut nahe käme?

Balthazar.

Der Blick, nur der betrachtende Blick. Und die Aufmerksamkeit dafür, bei uns zu bleiben, uns nicht zu verlassen, uns zu lieben.

Ich sehe.
Ich betrachte Sie.
Wir schreiben.
Wir schreiben das Wort Balthazar.

Ein einziger Name genügt. Ein einziges Gesicht. Und die ganze Welt wird betrachtet. Nicht nötig, nach Tokio zu gehen, nicht nötig, bleiben Sie in Ihrem Zimmer. Schreiben Sie. Oder tun Sie nichts.

Bleiben Sie am selben Ort, und die Welt wird zu Ihnen kommen. Sie gehört Ihnen. Und ich bin da.

Ich weiß es. Seit dem ersten Tag.

Ja, und noch mehr. Wir werden den Tango von Carlos d'Alessio singen, kommen Sie, wir werden tanzen. Tun wir das.

Wir tun es. Wir tanzen diesen argentinischen Tango wieder und wieder. Er ist unwiderstehlich, wenn man diese Musik hört, tanzt man, man kann nicht anders, man würde mit dem Erstbesten tanzen, ich mit Ihnen, denn wir sind da, denn wir wissen, das bleibt uns, tanzen bis zur letzten Nacht, einfach tanzen, ohne uns um etwas zu kümmern, vergessen, vergessen Sie mich, man muß nur dieser Musik zuhören, sich den Bewegungen des Körpers überlassen, unserer beider Körper, die zusammengehen, nicht schlecht, Sie tanzen nicht schlecht, ja, es möge nicht aufhören, die Musik möge nicht enden, ich möchte mit Ihnen sein für einen letzten Tanz, für einen letzten Ball.

Sie haben vergessen. Irgendwann habe ich Ihr Gesicht nicht mehr gesehen, hatte nicht mehr die Kraft, es zu streicheln, nicht mehr die Kraft, es zu berühren, es mit mir zu nehmen, ich hatte keine, fast keine Kraft mehr, ich habe Ihre Hand gehalten, Ihren Arm, die ganze Nacht, ich wußte nicht, daß ich es tat, nein, Sie lagen wie tot neben mir, neben diesem meinem Körper, der sehr bald aufhören würde zu leben, ich habe nur noch ein paar Stunden zu leben, mit Ihnen zu leben auf dieser Welt, ich bin im Begriff Sie zu verlassen, Sie auf dieser Welt allein zu lassen. Ich denke an nichts, ich spüre nur die Wärme eines Körpers neben mir, es ist der Ihre, welcher sonst, ich wüßte nicht, wer anderes als Sie da sein könnte. Und Sie schweigen wie gewöhnlich. Ich erkenne dieses Schweigen unter tausend anderen. Ich sage mir, er ist da, er, den ich nicht kenne, wie ist Ihr Name, wie heißen Sie, ich weiß es nicht mehr so recht. Ich weiß, daß ich Duras bin. Diesen Namen vergesse ich nicht. Das ist alles, was übrig ist, während das Herz, mein Herz, am Sonntag, dem 3. März 1996 um acht Uhr aufhören wird zu schlagen. Sie werden mir die genaue Uhrzeit sagen, mir und der ganzen Welt. Sie werden die Neuigkeit verkünden: Duras ist tot. Duras ist tot.

Sagen Sie nichts weiter. Ich halte noch Ihren Arm, ich spüre die Wärme des Arms, ich drücke noch fest, ich werde nicht gleich sterben, ich habe noch ein bißchen Zeit. Wozu eigentlich, was könnte ich noch sagen, was ich nicht gesagt, nicht geschrieben habe, was, sagen Sie es mir. Nein, ich glaube, es gibt kein letztes Wort, ich finde plötzlich kein Wort mehr, ich schreibe nicht mehr, ich weiß, es ist vorbei, ich schreibe nicht mehr, Duras ist bereits tot, nur dieser kaum lebende Körper ist übrig, das Herz schlägt noch, es schlägt automatisch, und dann wird es aufhören. Und dann. Dann weiß man nicht. Man kann es nicht denken. Das ist unmöglich. Und wenn wir uns total, vollständig, mit ganzer Liebe geliebt hätten, wie manche Helden in manchen Büchern, glauben Sie, dann wüßten wir mehr? Es ist nicht zu spät, nie, es ist noch Zeit. Ja, man kann es versuchen, wir werden das angefangene Buch zu Ende bringen, das vorläufig so genannte verschwindende Buch, dieses unvollendete Buch. Ich bin reif fürs Sterben, lassen Sie mich. Ich möchte allein sein. Es reicht jetzt mit den Wörtern, den Geschichten, ich habe das mein ganzes Leben lang gemacht, ein ganzes Leben damit zugebracht, mit Büchern, und was für Büchern, absoluten Büchern, für Millionen Leser überall auf der Welt, in allen Sprachen, ja, ich vergesse nicht, ich werde sterben, ich vergesse nicht die jungen Leser, die die Bücher lesen werden, die Wörter, die mich bezaubern, die Wörter, die Sie bezaubern, Ihre Briefe zu Hunderten, die Zeit vor dem Sommer 1980, wie ist das möglich, wie soll man sich die Zeit ohne Sie, ohne mich vorstellen, es geht nicht, man kann das nicht denken, kann man ein Gesicht vergessen, das, was ich von Ihrem Gesicht gesehen habe, kann das passieren? Sagen Sie mir etwas.

Nein. Ich kann Ihr Gesicht nicht vergessen. Diesen Blick, der etwas betrachtet, was man nicht sieht. Was nicht zu sehen ist. Was manchmal geschrieben werden kann. Geschriebene Wörter, und man sieht etwas wie Wahrheit. Und dann, ja, dann kann man wieder und wieder die Titel lesen und all die Wörter, die in den Titeln enthalten sind, und den Namen Duras, diesen Namen, der nicht vergeht. Diesen geliebten Namen, der jedem geschenkt ist, der ihn haben will, diesen Namen, der niemandem gehört, diesen Autorennamen, diese fünf Buchstaben, die auf allen Büchern stehen und auf dem weißen Stein des Friedhofs Montparnasse am Boulevard Edgar-Quinet in Paris.

Ist die Zeit hier und dort nicht vielleicht radikal verschieden?

Ich weiß nicht. Wirklich nicht. Lassen Sie mich, gehen Sie in Ihr Zimmer. Ich will allein sterben, wie jedermann, so ist das, Sie können nichts dafür, können nichts mehr machen, ich auch nicht, gehen Sie also. Es ist nicht mehr nötig, hier zu bleiben, gehen Sie eine Stunde schlafen, und wenn Sie aufwachen, wird es geschehen sein, dieses banale Ereignis, das jede Sekunde auf der ganzen Welt stattfindet, ein Mensch ist am Sterben und weiß es nicht, ein Buch ist am Entstehen, und man erfährt es später, Liebe findet statt, und weiß man denn, ob es sich um eine Liebe handelt, eine neue Liebe, wie man sie noch nie gesehen hat, mehr als alles auf der Welt sollen sie sich geliebt haben, erinnern Sie sich, *und niemals, niemals vergeß ich dich*, erinnern Sie sich an dieses alte Lied *A la claire fontaine*, wir singen es oft zusammen im Auto, auf allen Straßen Frankreichs, Sie sind da mit mir, wir singen zweistimmig, wir singen, daß wir uns niemals, niemals vergessen.

So ist es gut.

Alles geht gut, keine Tränen, nichts, no sorrow, denn es ist nichts. Man weiß nichts. Alles wird gut gehen. Wir werden wieder *A la claire fontaine* singen, nicht im Auto, nein, wir können einen anderen Ort finden, wir werden ihn finden, Sie werden sehen. Wir sind zu allem fähig. Fähig, alles zu erfinden.

Ich gehe schlafen, in mein Zimmer. Ich lasse Sie in Ihrem zurück. Das Licht bleibt an. Und dann ist es sehr bald acht Uhr an jenem Sonntag, dem 3. März 1996.

Ich werde diese Welt verlassen, in der ich ohne Sie bin. Wann? Wissen Sie es, weiß man, daß ich eines nahen Tages sterben werde? Ja, man weiß es. Und schon lange. Und doch kann man es nicht wirklich denken, als wäre allein das Leben denkbar. Der Tod ist eine sonderbare Sache. Als würde er nicht existieren. Obwohl.

In den letzten Monaten Ihres Lebens sehe ich: Sie sind zunehmend müde, eine immer größere Müdigkeit, eine körperliche und geistige Müdigkeit befällt Ihre ganze Person, überwältigt Sie derart, daß Sie ihr schließlich erliegen. Diese Müdigkeit wird zum Dauerzustand, gegen den Sie kämpfen und gegen den Sie immer weniger kämpfen können. Sehr bald siegt das Erlöschen: Das Leben hier und jetzt, mit mir, erlischt allmählich. Es ist ein langsames, unaufhaltsames Entschwinden. Ich kann nichts machen. Sie können nichts machen. Es ist so. Etwas wird aufhören.

Im Grunde sind Sie nicht krank, nein. Sie sterben vor Erschöpfung, Sie sind daran gestorben, daß Sie die Welt zu genau betrachtet haben. Balthazars Gesicht. Daran, daß sie zu viel getrunken haben, Whisky, Rotwein, Weißwein, Alkohol aller Art, daß Sie zuviel geraucht haben, zu viele Päckchen Gitanes ohne Filter, daß Sie zuviel geliebt haben, Liebhaber, alle Arten von Liebhabern, zu oft die ganze, die tödliche Liebe versucht haben, daß Sie zu oft zornig waren über die Ungerechtigkeit der Welt, die unerträgliche Armut, die Leprakranken von Kalkutta und den immer größeren Reichtum der Reichen. Sie sind bis zum Ende Ihres Lebens Kommunistin geblieben. Mit dieser notwendigen Illusion, zu glauben, die Menschen würden schließlich, eines Tages, morgen, today, miteinander umgehen, wie es sich gehört, wie richtige Menschen. Wie Brüder, die sich lieben. Eines Tages würden wir befreit sein vom Geld, vom Recht des Stärkeren, vom Einander-mit-Füßen-Treten, all das wäre eines Tages vorbei, es gäbe keine Verachtung mehr. Sie können sich nicht entschließen, die Welt so zu lassen, diese von Anfang an mißratene Welt, wie Sie sagen.

Gestorben, sage ich Ihnen, weil Sie zu viel gegessen haben, weil Sie auf nichts geachtet haben, weil Sie nicht zu leben verstanden haben, immer menschenscheu waren, jeden Augenblick etwas erfunden haben, abgelehnt haben, was im Leben und in den Büchern geschieht. Gestorben, weil Sie zuviel geschrieben haben. Zu viele Bücher. Das Buch läßt Sie, Ihre Hand und Ihren Geist, jedesmal zurück wie tot, vernichtet. Und doch fangen Sie ein neues Buch an, eine andere Geschichte, die gleiche Geschichte. Ich glaube, ohne Schreiben wären Sie kriminell geworden. Sie hätten auf alle Leprakranken der Welt geschossen. Sie hätten das Böse in der Welt ermordet. Sie wären wirklich verrückt geworden.

Und Sie wären über die Straßen Frankreichs gezogen wie die Bettlerin, diese Frau aus allen Büchern, die das Gebiet der Chaîne des Eléphants durchwandert, diese Frau, die nicht mehr sprechen kann, die umherstreift, die nach einer Richtung fragt, um sich zu verirren, ja, das hätten Sie gemacht, Sie wären die Frau vom Lastwagen geworden, die aus der Anstalt von Gouchy ausgebrochen ist, die das Meer sehen, den Rand der Erde erreichen, sich in alle Ozeane stürzen, die Welt verlassen, noch lange reisen will, bevor sie das richtige Ziel erreicht.

Ich sehe Sie in allen Hauptstädten der Welt, in allen Hotelbars, nachts können Sie nicht schlafen gehen. Noch ein letztes Glas, Sie reden mit den Barkeepern, diesen Männern in Weiß, die für Sie da sind, um zuzuhören, um zu bedienen, um für Sie, für uns zu sorgen. Sie sind zur Weltreisenden geworden. Manchmal gehen Sie an Land. Und dann fahren Sie mit dem langen weißen Dampfer weiter.

Wir wären uns vielleicht in der Bar eines Luxushotels von Athen oder Kingston begegnet. Auch ich liebe es, stundenlang herumzusitzen und nichts zu tun, einfach nur zu trinken, zu schweigen, zu schauen. Mit dem Erstbesten zu reden, der sich neben mich setzt.

Sie sind da. Sie sitzen neben mir in einem breiten Sessel. Die Geschichte beginnt. Sie hätte angefangen. Ein neuer Sommer ohne Datum, ohne Ort, warum nicht, ein Sommer in der Zeit und doch außerhalb der Zeit, eine Zeit, um uns zu erfinden. Man könnte sich anders nennen, andere Autorennamen wählen, noch einmal Leben spielen, dieses Phänomen, alles noch einmal machen, ohne zu wissen, daß es schon gemacht worden ist. Diese unermüdliche Wiederholung des gleichen Satzes, des gleichen Lächelns, der gleichen neuen Liebe, die man ewig genannt hätte.

In dieser Bar in Athen, in diesem Hotel Großbritanniens hätten wir bis zum Morgen Whisky getrunken. Wir können uns nicht trennen. Wir können die Geschichte nicht lassen, die wieder anfängt, erinnern Sie sich, wir haben viel gelacht. Wir sehen uns das Buch schreiben über das, was wir beide dort erleben.

Ja, ich glaube, daran sind Sie gestorben: zuviel. Von allem zuviel. Eine junge Frau sagt zu Ihnen: Madame, Sie übertreiben. Sie fragen, inwiefern. Sie sagt, ganz allgemein. Das stimmt, Duras ist jemand, der übertreibt. Dieses Übermaß, diese Überlastung schon seit der Kindheit, da unten, am Rand des Dschungels, all die Leben, an jedem Tag des Lebens, diese unablässige Arbeit, sehen, versuchen ein Gesicht zu sehen, das Ihre, das meine, das Gesicht Balthazars und aller anderen, und die Bäume im Wald, und Musik hören bis zum Wahnsinn, Bach, bis zum Gehtnichtmehr.

Man glaubt zu verstehen. Man versteht, und dann geht man zu etwas anderem über. Man kann nicht in diesem Zustand bleiben, da man absolut versteht, liebt, das Licht der Welt sieht. Schließlich sieht man gar nichts mehr. Man fällt in ein Loch. Man wird böse zu sich selbst, zu dem, der da ist, man will nicht gerettet werden, man will gar nichts mehr, auch nicht jemanden retten, auch nicht sterben. Das hieße zuviel tun. Zuviel sagen.

Ich vergesse den Schmerz, der mir zugefügt wurde. Ich bin da. Die Seite wird geschrieben werden. Ich brauchte all diese Jahre des Schweigens neben Ihnen, da ich auf die Wörter wartete, diese Leidenschaft für die Intelligenz, diese Radikalität des Schweigens, diese Abwesenheit jeden Urteils, dieses Entzücken über die geschriebene Seite, das Buch, das vor mir entsteht.

Und heute, allein, schreibe ich. Sie sehen, ich tue es. Ohne Sie. Und ich schreibe an Sie, vermittelt über Sie. Ich bin hier in dieser Welt und höre Sie sehr gut. Diesen Namen Duras, diesen Namen, von dem ich mich nicht losmachen kann. Die Bücher, die ich immer wieder zu lesen beginne, dieses dem Schweigen Abgerungene. Dieses Ding, das nie weit weg ist, erinnern Sie sich. Man glaubt, sehr nahe dran zu sein, und dann entfernt man sich wieder, es ist nicht zum Aushalten. Wir sagen: Wir werden uns lieben, und wir lieben uns, denn ich mache mit der Geschichte weiter. Die Geschichte geht weiter, wird weiter geschrieben und gelesen.

Es hört nicht auf.

Sie sehen genauso wie ich diese unter dem Alptraum-Ventilator sitzende Frau, die in die Residenz der französischen Botschaft in Kalkutta eingesperrt ist, schauen Sie, sie wartet, sie wird sich nicht umbringen, nein, sie wird weiter so leben, tot und lebendig zugleich, es ist nicht nötig, daß sie sich umbringt.

Der weiße Bademantel auf dem Strand, nein.

Wie heißt es im Buch, tötet sie sich trotzdem? Ja. Man findet den Bademantel am Meer.

Diese Langsamkeit, diese Stimmen, die in die dunkle Nacht Kalkuttas rufen. Und dann gibt es den Film *Son Nom de Venise dans Calcutta désert*. Anna Maria Guardi. Eine Hoffnung der Musik. Man kommt nicht von ihr los, von dieser Frau, noch nach dem Tod ist sie bei uns, ich verlasse sie nicht. Ich höre ihre Stimme die einfachen Worte sagen: Ich danke Ihnen für die Bücherpakete, Sie lassen sie mir sehr schnell bringen ...

Ja, diese Worte. Noch einmal.

So viel Liebe.

Die Liebe. Beschrieben in den Büchern. Beschrieben in den Filmen. Beschrieben in den Theaterstücken. Sobald ein Wort gesagt ist, existiert die Liebe in gewisser Weise. Sie ist beschrieben. Man glaubt es. Gott selbst wäre diese Redeweise nicht fremd zwischen Anne-Marie Stretter, der Frau des französischen Botschafters, und dem in Kalkutta in Ungnade gefallenen Vize-Konsul: Ich wollte den Geruch Ihres Haars kennenlernen. Nur das.

Heute, in dieser sonnenbeschienenen Stadt, wo ich an den Quais der Seine entlangmarschiere, ist es zwischen Ihnen und mir so, als schrieben wir ein neues Buch.

Diese Spaziergänge, die ich jeden Morgen mache, in Richtung Westen, in Richtung Atlantik. Ja, ich gehe zügig. Ohne Sie. Ich habe Sonntag, den 3. März 1996, nicht vergessen, den Augenblick, da das Herz aufgehört hat zu schlagen, den Augenblick, da Ihr Körper gestorben ist, die Zeit danach, als man ihn schnell loswerden, in die nach Ihren Maßen angefertigte Kiste legen mußte. Um dann die Kiste zu verschließen und im Loch des Montparnasse-Gartens zu versenken. Das ging sehr schnell, in ein paar Stunden, man mußte sich um jeden Preis der Last Ihres toten Körpers entledigen.

Bravo, Yann, sehr tüchtig, höre ich Sie sagen.

Das stimmt, ich marschiere allein an der Seine entlang. Nobody, in der Tat. Na und? Nichts. Kein Körper mehr.

Hören Sie zu. Ich sage: Ich bin aus dem schwarzen Zimmer herausgekommen, ich gehe, ich schaue alles an, was sich mir bietet, den Himmel, die Bäume, den Louvre, die Fontänen an der Place de la Concorde, die Kinder, die Gesichter der Männer, die Gesichter der Frauen, ja, ich versuche, etwas zu verstehen. Und ich bin sicher, daß Balthazar nicht allein ist. Er allein existiert für mich, und doch sind andere da, in Reichweite. Als warteten sie.

Und Sie, was machen Sie während dieser ganzen Zeit, in diesen Tagen, diesen Nächten?

Manchmal kommt es mir so vor, als betrachteten Sie mit mir besagten Balthazar. Und noch andere. Einen nach dem andern, getrennt und zusammen.

Auch Ernesto?

Ja. Ernesto. Der Großartige. Der so sehr liebt. Das kann man sich nicht vorstellen. Sie haben versucht, etwas von ihm zu schreiben, ihn zu sehen, ich glaube aber, er entzieht sich uns wieder, ich glaube, wir haben ihn nicht in das schwarze Zimmer einsperren können.

A la claire fontaine ... Sie bevorzugen *Blue Moon*. Also singen wir beide *Blue Moon*, während ich durch die Stadt marschiere, während ich gehe, ja, ich sehe mich gehen, ich verlasse die Halle des Roches Noires, ich bin draußen, allein, ich gehe.

Wir würden nie fertig sein mit diesem Schlager, das hört nie auf, wie eine letzte Zigarette, bevor man stirbt, wie ein letztes Streicheln Ihres Gesichts, als begänne das Wort Ewigkeit hier, in dieser Geste, in diesem Lied, das Sie und ich singen. Als hätten die Worte diese Macht: absolut daran zu glauben. Als hätte alles einen Sinn, man weiß nicht recht welchen, und immer noch *Blue Moon*, vollkommen abgedroschen, gesungen auf der ganzen Welt.

An manchen Abenden, wenn ich den Jardin du Luxembourg umrunde, ist es schon dunkel. Der Geruch der Erde dringt durch die geschlossenen Gitter. Ein Geruch von frischer Erde in der Stadt. Ich gehe und sehe, daß ich allein bin. Ich höre, daß Sie nicht mit mir singen. Plötzlich singe ich auch nicht mehr.

Ich bin verlassen.

Nur die Nacht vor den Gittern.

So kann ich weinen in der Dunkelheit dieses geschlossenen Parks. Man kann weinen, niemand ist da zu dieser nächtlichen Stunde, man braucht keine Hemmungen zu haben, man kann wirklich weinen. Um was, um wen? Warum genau?

Haben Sie je existiert? Haben Sie alles erfunden? Alles geschrieben, den Namen erfunden, den ich trage, ich, Yann Andréa Steiner?

Ich weine und lasse die Tränen fließen. Ich möchte, daß es nie aufhört. Ich gehe am Gitterzaun des geschlossenen Parks entlang und weine und höre *Blue Moon* singen.

Ich komme zu den Lichtern von Saint-Germain-des-Prés. Ich höre auf zu weinen. Niemand könnte es verstehen. Nicht einmal Sie.

Ich betrete das Café de Flore. Ich trinke einen Pimm's Champagner. Es geht schon besser. Ich betrachte die Leute um mich herum, die Kellner mit den langen weißen Schürzen, ihre von den Spiegeln wiederholten Bewegungen, ich fühle mich wohl auf der roten Bank, an diesem Tisch, vor meinem Glas. Ich spreche mit einer brünetten jungen Frau, die einen Ring mit Edelsteinen am Finger trägt.

Und ich lache schallend, ich weiß nicht mehr warum, und trinke ein zweites Glas. Alles geht gut. Ich werde der Prinz in der Stadt. Ich drehe noch eine letzte Runde, bevor ich schlafen gehe. Ich lege mich in diesem weißen

Zimmer in dieses Bett, das Sie nicht kennen. Das hat jetzt keine Bedeutung mehr, ich kann endlich schlafen.

Und morgen wieder, wieder dieses Sonnenlicht, jeden Tag, von Anfang an, seit jeher. Das Leben eben. Und Sie und ich, wir sind darin. Wir singen *Blue Moon* together. Und alles beginnt von neuem. Die Geschichte.

Ich habe wieder angefangen, Briefe zu schreiben, haufenweise Briefe, ich kann einfach nicht anders. Niemand weiß, was er damit anfangen, wie er sie lesen soll, wie er schreiben, wie er antworten könnte. Das macht nichts, ich gebe nicht auf, ich vervielfache die Mitteilungen, fast immer die gleichen Mitteilungen an alle Welt.

Und ich kehre zu Ihnen zurück. Ich weiß, daß ich schließlich Ihnen schreibe. Nur Ihnen. An den Namen Duras auf dem hellen Stein des Montparnasse-Gartens. Ich kann mich nicht lange von diesem Bereich fernhalten. Ich weiß, daß ich auch andere Geschichten, andere Bücher, andere Gelächter durchmachen muß. Daß ich Sie mit allem vermischen muß. Machen Sie sich keine Sorgen, es geht mir gut. Man gewöhnt sich. Man weiß gar nicht genau, woran. Es ist sehr unbestimmt. Man weiß nicht, was man tun muß, aber es ist nicht schlecht, es geht mir nicht schlecht.

Manchmal fehlt mir das: mit Ihnen zu tanzen. Wir tanzen beide sehr gut, jeden Tanz, wir können tanzen, wir können uns bewegen, Sie und ich.

Manchmal überkommt mich diese wahnsinnige Lust, mit Ihnen zu tanzen, das ist dumm, ich weiß, es ist nicht möglich, und dann tanze ich wider Erwarten doch mit Ihnen. Wir sind nie müde. Die Bewegung Ihres und meines Körpers entsteht und löst sich auf, ohne daß man wüßte wie. Wir gleiten über das Parkett des Ballsaals. Jemand sagt: Stellen Sie bloß nicht die Musik ab, nein, man muß sie tanzen lassen. Jemand sagt: Sehen Sie diesen Schwung, als hätten sie ihr ganzes Leben getanzt, als kämen sie zum erstenmal auf diese Tanzfläche, in diesen Ballsaal.

Ja, das sagt man um uns herum. Wir hören nicht. Wir tanzen. Wir schauen uns nicht an. Nur die fast reglose, schwankende Bewegung.

An manchen Abenden, wenn ich Ihnen nicht schreibe, wenn ich nicht an Sie denke, wenn ich mit anderen Leuten, anderen als Sie, zusammen bin, ja, dann könnte man tanzen, nichts anderes tun, nicht denken. Nichts. Tanzen. Gott vergessen, der uns zuschaut, während wir in diesem Ballsaal tanzen. Die Geschichte vergessen.

Wo sind wir?

Dort, wo Sie sind. Dort, wo Sie wollen. Dort, wo Sie das Wort erfinden.

Ich verlasse Sie nicht. Niemals. Was wäre also der Name des Ortes, wo wir nächtelang tanzen, Sie und ich?

Sagen Sie das Wort, ich bitte Sie.

Nein. Ich sage es nicht. Wir wissen es beide. Es ist ein Wort, das schwierig zu schreiben ist. Es ist ein einfaches Wort, das schwierig zu verstehen ist. Ein Wort, das man nicht sagen soll.

Kommen Sie.

Vergessen wir das Wort. Tanzen wir. Das bleibt. Als

käme man schon immer an diesen Ort des Tanzes. Als wäre man schon immer dort. Als wäre das Wort gesagt, von Ihnen und von mir, man könnte es glauben. Als wäre das Wort da, an diesem offenen Ort des Tanzes. Ein Walzer im Dreivierteltakt, ein fast regloses Auf-der-Stelle-Treten, eine kaum sichtbare Bewegung, und doch tanzen wir noch einmal, wir summen das Lied, wir kennen das ganze Lied auswendig, all die Namen, ja, wir kennen sie, wir vergessen sie, wir ersetzen sie durch andere Namen, wir können nicht umhin zu singen, zu tanzen, es hört nicht auf.

Ich denke an nichts. Warum sich umbringen? Warum will ich mich umbringen? Es ist nicht nötig, denn der Tod kommt auf jeden Fall, eines Tages ist er da. Das ist das Allergewöhnlichste, warum soll man also etwas Außergewöhnliches daraus machen wollen? Warum sich als Held hinstellen? Warum noch mehr Unglück zum allgemeinen Unglück hinzufügen?

Ich lebe. Schauen Sie, schauen Sie mich an, ich rede mit Ihnen, dieser Wunsch, mich umzubringen, vergeht allmählich. Ich blicke um mich. Ich vergesse. Ich denke nicht an Sie. Es ist nicht nötig. Ich schreibe. Als das Buch *M.D.* fertig war, wollte ich es nicht sehen, ich schämte mich, es geschrieben zu haben, ich wollte alles zerreißen. Sie haben Jérôme Lindon das Manuskript geschickt. Sie sagen: Warum sollte man sich nicht dem Blick der anderen, der Lektüre der anderen, den Mißverständnissen, den Irrtümern aussetzen, davor braucht man keine Angst zu haben, es hat überhaupt keine Bedeutung.

Duras ist da. Das ist so. Und vielleicht können eines Tages alle wirklich lesen, ohne jegliche Voreingenommenheit, den Namen des Autors vergessen und zu lesen anfangen, wie ein Kind es tut, in die Geschichte hineingehen, sie gleichzeitig schreiben und lesen.

Jetzt schreiben Sie, das ist gut. Nicht irgend etwas, das ist unmöglich, aber schrecken Sie vor nichts zurück, während Sie schreiben, sonst kommt man nicht weiter, sonst findet man sehr bald, es lohnt sich nicht, und hat Lust, alles wegzuwerfen, und kommt in Versuchung, sich umzubringen. Ja, ich weiß. Nein, versuchen Sie es weiter, haben Sie keine Angst vor sich selbst, man weiß nicht, was geschrieben werden wird. Ich schreibe so. Ich verstehe nicht, was ich schreibe, erst danach, wenn ich die geschriebene Seite lese, sehe ich etwas. Ich sage: Wer hat das geschrieben? Wer ist das, Duras, die das schreibt? *Das Nachtschiff*, wie habe ich das gemacht? Und *Emily L.*, diese abgerissene Frau, diese Bewunderungswürdige von Quillebeuf-sur-Seine, wie wir sie lieben, sie und den Captain. Wenn sie in der Bar des Hôtel de la Marine, am Strand, im schwarzen Zimmer des Roches Noires erscheint, ja, dann freuen wir uns, sie kommen zu sehen. Dieser Captain, der nicht versteht. Sie lieben sich. Sie wissen nicht, wie sie es anstellen sollen. Wie sie diese Liebe leben sollen. Und die Liebenden des *Nachtschiffs* auch nicht. Sie leiden darunter, es nicht zu wissen, und lieben dennoch. Wen? Was? Sie wissen es nicht. Und ich weiß es noch nicht.

Man wäre seiner eigenen Liebe niemals gewachsen. Als gehörte uns die Liebe nicht. Als brauchte sie uns, als brauchte sie die Leute aus dem Buch, die Leute, die ich mit Ihnen betrachte, während ich schreibe. Ja, die Liebe braucht diese Geschichten, die ich zu Ihnen sage, unsere Geschichte, diese Liebe zwischen Ihnen und mir, diese Liebe, die Sie krank macht, die Sie dazu bringt, mich verlassen zu wollen, von mir wegzugehen, als wäre das möglich. Liest man die Geschichte, so erkennt man den Versuch zu lieben. Wie soll man es machen, wie schreiben, wie das richtige Wort finden, eben das Wort, das alle anderen Wörter zum Schweigen bringen würde. Alle Geschichte. Alle Liebe auch. Ja. Alles wäre vollbracht.

Ich bin hier in Paris, es ist fast Sommer, es ist Mai 1999, und ich schreibe Ihnen. Ich tue es. Ich bin nicht tot. Ich habe das Zimmer in der Rue Saint-Benoît verlassen. Ich habe alle Flaschen, alle Zeitungen, den ganzen Dreck weggeräumt und sogar das Bett hinausgestellt. Das Zimmer wurde frisch gestrichen. Alles ist weiß, auch die Balken sind weiß gestrichen. Es ist sauber. Ich kann das Zimmer verlassen und das Grab auf dem Friedhof Montparnasse besuchen. Ich konnte es, sehen Sie, ich konnte Ihren Namen auf dem weißen Stein lesen, der in drei Jahren uralt geworden ist, Ihren Autorennamen und zwei Jahreszahlen: 1914-1996. Und auf der Stirnseite des Steins zwei Buchstaben: M D.

Niemand verlangt von mir, tot zu sein. Auch nicht Sie. Ich nehme meine Spaziergänge in der Stadt wieder auf und die nächtlichen Barbesuche, diese Leidenschaft für Bars und die Barkeeper im weißen Jackett, und all die Männer und Frauen meines Alters, jeden Alters. Jemanden lieben. Den ersten besten, ohne jemanden zu bevorzugen, denjenigen, der da ist. Denjenigen, der noch nicht weiß, daß er von mir geliebt wird.

Ich weiß nicht, daß Sie mich derart lieben werden. Und ich liebe Sie irgendwie mehr, indem ich dieses Buch schreibe, indem ich Ihren Namen nenne, in jedem Augenblick eine Geschichte erfinde, eine alltägliche Geschichte und vielleicht, wer weiß, eine Liebesgeschichte. Auch eine Geschichte für die anderen, in der ganzen Welt zu lesen. Es gibt kein Geheimnis. Alle Geschichten gleichen sich.

Ich habe meine wichtigste Tätigkeit wieder aufgenommen: Nichtstun. Allen schreiben. Ich lasse nicht locker. Hunderte von Briefen, und nie eine Antwort.

Ich gehe am Seineufer entlang bis nach Versailles, bis zum Garten des Königs, ich gehe durch die Alleen und sehe den rosa Stein der Säulen des Großen Trianon. Ja, all diese Kindereien mache ich. Auf geht's, man fürchtet sich vor nichts. Man ist achtzehn. Man hat das ganze Leben vor sich, wie es heißt. Man wird Bücher schreiben, absolute Bücher, wir, in allen Sprachen, man wird wieder alles erfinden, Sie und ich. Man wird die neue Geschichte in einem Buch lesen können.

Ich kann nichts anderes tun. Frédéric schreibe ich fast die gleichen Briefe. Nicht ganz. Wie soll man es anders machen? Man erfindet nichts. Die Wörter sind da. Es genügt, sie in einer gewissen Reihenfolge hinzuschreiben, sie zum richtigen Zeitpunkt im Satz erscheinen zu lassen, sich eben nicht um die Reihenfolge zu kümmern, alles kommen zu lassen. Danach erkennt man die Notwendigkeit, dieses Wort stehenzulassen, nur dieses und kein anderes.

Son nom de Venise dans Calcutta désert.

Ja, diesen Satz liebe ich ungemein. Ich kann ihn wieder und wieder sagen. Ich würde ihn gern immer gerade schreiben, ohne zu wissen, daß ich ihn schreibe, ihn gleichzeitig mit Ihnen entdecken. Den geschriebenen Satz plötzlich auf der Seite stehen sehen. Da, er ist geschrieben. Nichts kann ihn ungeschehen machen: Son nom de Venise dans Calcutta désert. Ihr Name aus Venedig im verlassenen Kalkutta.

Und ich sage: Ihr Name Duras. Das war es schon. Ihr Name und sonst nichts. Man liest den Namen. Man wiederholt ihn so lange, bis er nichts mehr bedeutet, bis er reiner Klang wird: Ihr Name Duras. Ein Klang. Ganz er selbst und doch wie außerhalb von sich selbst. Ein sehr altes Lied wie: *Mon ami Pierrot prête-moi ta plume ...*

Ouvre moi ta porte ...

Ich schreibe weiter Ihren Namen, diesen Namen, ich sage Ihnen und bitte Sie, mir zu glauben: *Niemals, niemals vergesse ich Sie.*

Ihr Name verlassen. Vergessen. Ihr Name im Herzen. In allen Herzen. Diese fünf Buchstaben, die allein Tausende Wörter enthalten.

Ich werde alle Namen des Kalenders aufschreiben, ich werde Ihren Namen mit all den anderen Namen vermischen. Ja, das werden wir tun. Wir werden alle Namen aufsagen, eine Melodie aus vier Noten finden, die sich über die Welt und den Himmel ausbreitet. In der Aufeinanderfolge der Namen hört man das Wort Duras, man erkennt das Wort, den Klang. Dann verschwindet es und kehrt wieder, man schnappt es auf. Ein paar Sekunden ist es bei uns.

Dieser Name Duras, der immer hier bei uns wäre.

Heute ist der 25. Mai 1999, es ist neun Uhr, und in Paris scheint die Sonne. Die Straßen sind noch ruhig und kühl, die Bäume sind grün. Die Gehwege werden besprengt. Die Terrasse des Café de Flore ist geöffnet. Alles geht gut.

Ich mag diese Zeit morgens sehr, wenn noch alles unberührt scheint, wenn man zum erstenmal über den Boulevard Saint-Germain geht. Der Boulevard gehört uns, gehen wir ihn bis ans Ende. Und es ist immer eine Freude, die Seine und Notre-Dame auf der Insel zu sehen. Auf der Ile de France. Der Insel Frankreichs. Man versteht: Insel Frankreich.

Zu dieser Zeit am Morgen wäre alles möglich, Sie hier mit mir in der Sonne des Boulevard Saint-Germain. Wir haben uns gerade kennengelernt, alles könnte beginnen. Warum nicht?

Ich muß Ihnen sagen, was geschieht: Seit Sonntag, dem 3. März 1996, habe ich nicht mehr geredet. Ich habe geschwiegen. Nicht erst seit jenem Sonntag, nein, seit dem Sommer 1980 habe ich nicht mehr geredet. Als hätte man schweigen müssen, um Ihnen den ganzen Platz des Wortes zu lassen, den Platz des zu schreibenden Buches.

Nur da sein. Bis zum letzten Wort am 29. Februar 1996. Als hätten die von Ihnen geschriebenen Worte Schweigen gefordert. Und ich glaube heute, daß dieses Eingeschlossensein in allen schwarzen Zimmern des Schreibens, in Paris, in Trouville, in Neauphle-le-Château, nötig war, damit etwas wirklich existiert, nicht nur die Geschichte zwischen Ihnen und mir, diese Liebe, nein, nicht nur das, sondern noch etwas anderes, die Wahrheit des Buches, das geschrieben wird. Es war nötig, sich nicht ablenken zu lassen von dieser Hauptbeschäftigung Ihres Lebens: dem Schreiben. Was bedeutet schon das Schicksal der Person, die Zeit, all die Tage, all die Stunden, die man damit zubringt zu lieben, sich in der Liebe zu versuchen, nicht zu können, nicht zu wollen, die Verzweiflung, der Wunsch zu gehen, alles aufzugeben, zu verschwinden, und es dann doch nicht zu tun. Man muß bleiben, die Notwendigkeit akzeptieren. Wie die der Liebe, die durch uns und bereits außerhalb von uns sich vollzieht.

In all diesen Jahren habe ich nicht viel verstanden, ich war wie benommen, vernichtet, und es mußte so sein. Sie haben mir geholfen, indem Sie mich mit meinem Nichtverstehen allein ließen, nie ein Wort des Trostes, nie ein Wort der Ermunterung, nie ein freundliches Wort. Als müßte sich die Liebe vor sich selbst schützen, sich zerstören, um stattzufinden.

Nur die Bücher, die geschrieben werden müssen. Diese Demut in jedem Augenblick war nötig. Sie sagen: Yann, man darf kein Prahlhans sein. Sie sagen dieses Kinderwort, das man auf den Schulhöfen hört, nein, man darf kein Prahlhans sein, wir sind nichts, arme Leute, machtlos, man versteht nicht, man versucht zu verstehen, man schreibt, und manchmal sieht man etwas und muß weitermachen.

Ich habe Angst, Sie weniger zu lieben, wenn ich schreibe. Als würden die Wörter Ihren Tod zu Protokoll nehmen, als wäre die Trauer vollzogen. Als sollte man nicht schreiben.

Sie sind abwesend, und zwar endgültig abwesend, ich weiß, ich lese Ihren Namen auf dem Grabstein. Und doch.

Ich werde versuchen, es zu sagen: Ich weiß, daß Sie tot sind, und ich weiß auch, daß das nichts bedeutet. Nachdem die Zeit der Verzweiflung überwunden ist, bedeutet Ihr verschwundener Körper nichts. Ich kann Ihnen schreiben wie vorher, als wäre nichts geschehen an diesem 3. März 1996. Und es ist nichts geschehen. Nur daß der Körper bestattet ist.

Und daß ich hier bin und Ihnen schreibe. Ich bin allein in der Stadt, morgens, abends, nachts. Spätnachts bedaure ich das manchmal, bedaure, nicht im schwarzen Auto an der Seine entlang zu fahren, bedaure, nicht zu hören, wie Sie meinen Namen rufen, Yann, wo sind Sie, Yann, wir müssen auf dem Marché de Buci Einkäufe machen, Yann, ich kann Sie nicht mehr aushalten, bleiben Sie, gehen Sie nicht, seien Sie nicht traurig, wenn ich tot bin. Ich glaube keinen Augenblick an all die Ewigkeitsgeschichten. Da ist nichts mehr, man wird wie ein Stein.

Ja, manchmal, zu gewissen Stunden des Tages und der Nacht, verspüre ich dieses Bedauern. Wie eine Traurigkeit, die vorübergeht. Wie ein Kummer, der zu gewissen Stunden wiederkehrt. Es ist unvorhersehbar.

Und dann schreibe ich Ihnen.

Sehen Sie.

Ihnen.

Auch anderen. Ich wage es. Ich gestatte es mir. Ich tue es ohne Ihre Erlaubnis. Ich bin weder von Ihnen, noch von Frédéric, noch von Balthazar getrennt. Nein. All das sind Geschichten, die man uns erzählt. Als genügte es, in

Montparnasse oder im Tarn oder im Val d'Oise oder in Tokio zu sein, um von Ihnen und den beiden getrennt zu sein. Ich bin da unter euch und sage euch: Das ist nicht alles.

Es gibt kein letztes Wort. Man kann noch eines hinzufügen, weiter Sätze, Bücher, Geschichten schreiben. Man braucht sich nur hinzusetzen, an den Tisch, und nichts denken.

Ich versuche, Sie mehr zu lieben. Noch mehr. Es ist nie genug. Und all die Bücher, die Sie geschrieben haben, dieser Name Duras, was ist das? Liebesgeschichten. Die Geschichte von jemandem, der sagt: Lieben.

Liebe. Ich überlasse sie Ihnen. Davon bin ich jetzt befreit. Auch von dem Versprechen, endlich das richtige, das wahre Buch zu schreiben, das dazu führt, daß man ein Leben lang schreibt. Ich liebe Sie in diesem Versuch, wieder ein Buch anzufangen. So sind wir nicht getrennt. Together, das ist doch Ihr Wort? Zusammen.

Ja. And without you. Mit Ihnen und ohne Sie.

Exactly.

Es ist ein paar Tage vor Sonntag, dem 3. März 1996. Wir sind in der Rue Saint-Benoît. Sie sagen: Ich habe nichts mehr. Ich werde immer ärmer.

Sie sind wirklich arm geworden an der Schwelle des Todes, hilflos. Sie wissen nicht, wie Sie umgehen sollen mit dem, was kommt, dem Tod, was sie damit machen sollen, wie Sie dieses Ereignis, das eintreten wird, auch nur denken sollen. Sie verstehen nicht, wie es sein wird. So wie jeder an der Schwelle des Todes. Nur daß Sie es sagen, Sie versuchen das Unmögliche, Sie wissen, daß Sie arm sind, von einer allen Menschen gemeinsamen Armut, die manchmal in Vergessenheit geraten ist während des Lebens, über den Erfolgen, dem Weltruhm, all den Lesern, mir, all der Liebe, all den Millionen auf der Bank. Und dann wird man wieder arm. Dort unten, am Mekong.

Sie sagen: Vielleicht hat meine Mutter mich ja doch geliebt.

Ja, ich glaube es, sie hat Sie geliebt. Sie konnte es nicht sagen. Sie weiß nicht, wie sie mit Ihnen umgehen soll. Sie müssen ihr helfen. Sie müssen ihr zeigen, wie sie Sie lieben, wie sie auf Sie zugehen soll. Sie sind so heftig in Ihrer Intelligenz, daß Ihre Mutter Angst hat. Sie zieht es vor, den anderen zu lieben, den Bruder, das ist leichter, man ist auf bekanntem Terrain. Die Mutter sagt: Wer ist sie, was ist das für ein Kind? So anders als ihre Brüder, als ich. Schon so allein. Und will schreiben. Was für eine Idee. Nein, mir ist lieber, du machst Mathematik, eine kaufmännische Ausbildung, ich bin sicher, du bist begabt für so etwas, Geschäfte, Geld.

Sie sind für alles begabt, begabt für den Erfolg, wie man sagt. Alle Männer zu Ihren Füßen, wann Sie wollen, wo sie wollen. Sie sind ohne jede Angst. Auf keinen Fall weichen Sie zurück, und die Männer lieben das, und die Männer haben Angst. Sie wollen nicht diese Art Frau, diese Intelligenz, die die Schwäche der Männer sieht, ihre unüberwindliche Bedrängnis.

Jemanden, der so deutlich sieht, erträgt man nicht. Man verläßt Sie. Man findet andere Frauen, Schönheiten, Kleider, Parfums, völlig nichtige Unterhaltungen, das macht nichts, man zieht es vor. Man läßt Sie allein.

Ich nicht.

Ich halte durch. Ich lasse nicht locker. Ich bleibe. Sie sagen: Warum, warum sind Sie hier bei mir, wer sind Sie?

Sie können alles, und tun doch nur eines, gehorchen nur gleichsam einer Weisung vom höchsten Himmel. Schreiben. Was das übrige angeht, das Leben, so machen Sie es sehr gut, besser als jede andere, unglaubliche Geschichten, Kummer, ein Kind, ja, das muß sein, ein Kind ist wichtig, Sie tun alles, was getan werden muß, Sie halten stand. Und fragen sich dennoch immer: Wer sind Sie? Und Sie schreiben. Um zu versuchen, etwas von sich, von den anderen, von der Welt zu verstehen.

Warum das alles? Warum ich, warum Sie, warum sterben in ein paar Tagen? Sagen Sie mir ein Wort.

Und so sind Sie zu Beginn des Jahres 1996 in diesem Zimmer der Rue Saint-Benoît in Paris noch mehr Zeitgenossin der Höhlenmenschen, derjenigen, die den Abdruck ihrer Hände auf den Felswänden hinterlassen.

Diese Männer und Frauen von einst sind mit uns im Zimmer. Mit dem gleichen Gesicht, das sucht. Nicht eine Antwort, nein, eine neue Frage.

Sie, die Menschen der Vorzeit, schreiben nicht. Sie öffnen die Hände und schauen zum Himmel, diesem drohenden, milden, rätselhaften. Da stehen sie, arm, die Hände erhoben. Sie schauen mit gesenktem Kopf zum Himmel. Die Menschen der Löcher, jene, die nichts gebaut haben, kein Monument, keine Malerei, keine negativen Hände, nein. Das ist vorher. Bevor die Literatur beginnt. Chartres. Rembrandt. Mozart. Pascal. Die sind schon da, sie schweigen, sie lieben wie am ersten Tag, wen, was, sie wissen es nicht, es ist noch nichts benannt. Das ist die absolute Zeit. Der Anfang von allem, der erste Tag. Und dieser erste Tag findet alle Tage statt, bis heute, in diesem Zimmer der Rue Saint-Benoît, wo Sie mit mir eingeschlossen sind, allein mit mir, wo Sie allein sterben, denn ich sterbe nicht mit Ihnen, ich lasse Sie allein mit all diesen Menschen der Vorzeit, in derselben Armut, derselben unbedingten, höllischen Intelligenz. Der Intelligenz von vorher. Vor der Liebe sogar.

Und könnte man sagen, vor Gott?

Ich weiß nicht. Vielleicht ist es viel einfacher, man macht sich Gedanken, man macht aus der Mücke einen Elefanten, dabei ist es ganz einfach. Es würde genügen, noch ärmer zu sein. Die Wahrheit der Armut zu erreichen.

Wir sind noch in diesem Zimmer, wo Sie nicht mehr schreiben, in diesem Zimmer, das schwarz werden wird. Noch nicht tot.

Kommen Sie.

Ich berühre Ihr Gesicht, kommen Sie näher, haben Sie keine Angst vor meiner Hand, die Ihre Gesichtszüge sucht, die noch etwas verstehen will von Ihrem Blick, der verschwindet.

Betrachten Sie den Himmel mit geschlossenen Augen.

Bleiben Sie so. Mit geschlossenen Augen.

Und sehen Sie alles.

Die ganze Welt von Anbeginn an.

Das Ganze.

Und Balthazar.

Und sogar jene, die man nicht kennt, die Kommenden.

Sie liegen auf dem Bett. Die Augen geschlossen. Die Augen, die das Zimmer nicht mehr sehen. Die Augen, die denjenigen nicht mehr sehen, der bei Ihnen ist. Was kann ich tun, damit Sie dieses Zimmer ohne Angst verlassen, ohne mich. Sie allein gehen lassen.

Ich muß aufhören, so mit Ihnen zu sprechen, so zu tun, als seien Sie es, die mir antworten. Es ist nicht wahr, ich weiß. Vergessen, diese Liebe, nichts mehr darüber sagen, schweigen. Aufhören mit dieser Geschichte, diesem neuen Versuch, Duras zu kopieren. Zu etwas anderem übergehen. Zu einem anderen Namen. Zu all den Namen, die man noch nicht kennt und die auf uns zukommen werden. Und in allen Buchstaben des Alphabets erkennt man manchmal den Ihren.

Mehr als alles.

Diese Geschichte.

Diese Geschichte der Liebe, die nicht aufhört.

Briefe, daß man nicht mehr weiß, was man damit anfangen soll, Wörter bis zum Gehtnichtmehr.

Das Ausstoßen des Namens. Der unerhörte Klang des endlich gesagten Namens. Das endlich gefundene Wort, das jede Musik, jedes Gesicht, jede Liebe aufhören läßt.

Und was tut man danach?

Nichts. Weitermachen, als wäre nichts, ein gewöhnliches Leben, man lebt, man liebt, man weint, man ißt, man redet. Ja, so ist das.

Gehen wir etwas trinken, hören wir *Capri c'est fini*, fahren wir nach Trouville, das Meer anschauen, die Möwen, gehen wir Krabben essen, Austern essen, ja, tun wir das.

Alles geht gut.

Alles ist da und steht jedem zu Verfügung, der es will.

Der es sehen will.

Wir konnten einander nicht verlassen. Ich konnte sie nicht verlassen. Sie konnte mich nicht verlassen. Wir waren immer kurz davor, es zu tun. Einander zu verlassen. Wenn ich diese Hölle mit ihr nicht mehr aushalten konnte, ging ich ins Hotel beim Austerlitz-Bahnhof, versteckte mich dort ein paar Tage. Abends trank ich Bier in der Bahnhofsgaststätte, wo ich mich unter die Reisenden mit ihren Koffern mischte, niemand sah mich, niemand suchte mich in der Menge, die auf die Züge wartete. Ich möchte ein letztes Bier trinken, bevor ich ins Hotel gehe und mich umbringe. Das ist die letzte Nacht. In ein paar Stunden werde ich tot sein. Ich hänge herum, trinke weiter, beginne, betrunken zu sein, die Tränen sitzen locker, ich könnte einen letzten Brief schreiben, ihr noch einmal schreiben, doch nein, sie ist es, die nach meinem Tod schreibt, sie kann das, die Wörter finden, einfach nur das, nichts erfinden, die Wörter schreiben, die man sofort versteht, ich lasse ihr also das letzte Wort, ich trinke ein letztes Bier und gehe in das Zimmer. Ich sterbe nicht. In der dritten Nacht rufe ich an. Sie kommt. Alles beginnt von vorn. Warum? Was bewirkt, daß ich nicht sterbe, abgesehen von der Angst? Vielleicht die ganz genaue Vorstellung, daß ich es nicht tun soll, daß ich am Leben bleiben soll, nicht nur für sie, nein, aber auch für sie. Dafür bin ich da, für diese Tag und Nacht zu erbringende Zuwendung, dafür, eine einzige Person am Leben zu erhalten. Noch mehr zu lieben, während sie nichts davon wissen will, während sie diese Liebe gar nicht will.

Warum ich, sagt sie. Niemand, niemals, nicht einmal meine Mutter, die ich mehr als alles auf der Welt geliebt habe. Warum also Sie hier?

Sie kann es nicht fassen, endlich die Einzige zu sein, es ist unerträglich. Sie will noch mehr, bis hin zu meinem eigenen Verschwinden. Aber das kann sie doch nicht wollen. Was täte sie ohne mich?

Sie sagt: Yann, ich will Ihnen nichts Böses, ich will, daß Ihnen kein Unglück zustößt, selbst wenn Sie fortgehen, lassen Sie von sich hören, sagen Sie mir nur, daß Sie am Leben sind.

Ich glaube es heute, im Mai 1999, in diesem Zimmer der Rue Dauphine mit Blick auf den gepflasterten Hof, fern vom Lärm der Stadt, fern von Ihnen. Ich glaube, ich habe Ihnen viel Kummer gemacht. Ich habe Ihrer gesamten Person nicht genug Zuwendung entgegengebracht, man tut nie genug. Man muß alles tun und noch mehr. Duras übertreibt, und ich nicht immer. Manchmal, an manchen Abenden, hatte ich genug von Ihnen, von mir, von den Büchern, vom Haushalt, vom Röckebügeln, von den Ausflügen nach Orly um drei Uhr morgens. Ich verstand nichts mehr, wollte nichts mehr.

Und dann kam es wieder.

Sie sagen: Das ist nicht schlimm, dieser Überdruß, das geht vorüber, ich verspreche Ihnen, Sie dürfen jetzt alles machen, Sie dürfen Ihre Freunde sehen ohne mich, essen, was Sie wollen, überallhin gehen ohne mich. Ich verspreche es Ihnen, ich schwöre es.

Das hält einen Tag, und dann fängt alles von vorn an. Lieben Sie mich noch mehr, erfinden Sie das: jemanden lieben. Nur das.

Ich versuche es. Wir machen es zusammen. Nachts. Das Zimmer. Das Bett. Das Gelächter. All die Geschichten des Lebens eben. Ich bin da, um zuzuhören, um die Wörter zu tippen. Ich muß folgen, nichts verpassen, kein einziges Wort, sehr schnell tippen mit drei Fingern, nicht denken, nur das Wort festhalten.

Während so das Buch entsteht, verschwinden Sie und ich. Die Trennung findet nicht statt. Nur das Buch, das entsteht, existiert. Bis zum letzten Buch, diesem unvollendeten Buch, das Sie *Das verschwindende Buch* nennen.

Dieses Buch schreibe ich nun. Diese Wörter kann ich Ihnen endlich schreiben, um am Leben zu bleiben, vielleicht, um die Zeit dieses Juni 1999 herumzubringen. Alle Sommer. Alle Jahreszeiten. Um weiterhin zu kommen und zu gehen ohne Sie, mit Ihnen. Ja, das kommt vor, ein paar Sekunden kann ich glauben, Sie klopfen an die Tür des Zimmers, in dem ich bin.

Pour l'amour de Dieu, ouvre-moi la porte.

Herein.

Nicht schlecht hier, es ist hell. Wunderbar weiß. Was für ein Glück, sich zu sehen, nicht wahr? Also, was machen wir?

Kommen Sie, ich nehme Sie mit.

Sagen Sie es anders.

Komm. Ich nehme dich mit.

Es ist ein flacher Himmel.

Es ist ein himmelblauer Himmel.

Ohne Sterne.

Es ist überall Himmel.

Nur das wäre da: dieser Himmel, und Sie und ich an

diesem blauen Ort, den wir nicht sehen können. Dort, wo ich dich hinführe, dort, wo man geht, ohne Richtung, nach der man fragen kann, dort, wo niemand sich verirren kann.

Hier, in diesem erfundenen Himmel wären wir.

Nirgendwo.

Es ist Ende Juni und ich beende die Niederschrift von Diese Liebe. *Ich werde zwei Wochen nach Patmos fahren. Allein auf diese griechische Insel, mit Freunden. Ich lasse das Buch zurück. Ich lasse Sie zurück. Ich verlasse Sie nicht.*

Es hat so begonnen: Im Januar 1999 spreche ich mit Maren Sell. Wir nehmen den Redeschwall auf. Ich rede. Sie hört zu. Sie läßt mich reden. Sie versteht vollkommen. Sie läßt die Dinge laufen. Das ganze Durcheinander. Die Kassetten werden abgetippt, und ich habe einen Packen Papier vor mir, Hunderte von Seiten. Ich traue mich nicht hineinzuschauen. Ich habe Angst. Ich lasse einen Monat verstreichen. Ich gehe aus, marschiere durch die Stadt, trinke. Und dann fange ich in diesem Zimmer der Rue Dauphine an zu lesen. Ich finde es unmöglich. Zu viel. Wieder vergeht Zeit. Und dann mache ich mich ans Schreiben. Ich vergesse den Packen, schaue nicht hinein. Ich tippe wie ein Verrückter einen langen Brief. Jeden Morgen einen Brief an diejenige, die M.D. genannt wird. Ich tue es, ohne zu wissen, was ich wirklich tue. Ich schreibe, ohne das Geschriebene durchzulesen. Ich gebe es Maren Sell zu lesen. Sie rät mir weiterzumachen. Jeden Morgen befolge ich ihren Rat. Ich schreibe. Ich schreibe Ihnen, als wäre es möglich, Ihnen zu schreiben. Und ich tue es tatsächlich. Hier ist Diese Liebe. *Ich lasse das Durcheinander, die Wiederholungen, ich lasse das Ganze.*

Ich verlasse das Zimmer der Rue Dauphine. Am 2. Juli fahre ich nach Patmos.

Marguerite Duras

Yann Andréa Steiner

Aus dem Französischen von Andrea Spingler
st 3172. 96 Seiten

Sommer 1980. Die Geschichte »zwischen dem sehr jungen Yann Andréa Steiner und dieser Frau, die Bücher machte und die alt war und allein wie er«, beginnt in Trouville. Behutsam skizziert Duras die aufkeimende Liebe, die den Tod von Anfang an in sich birgt.
Parallel dazu erzählt sie von der unmöglichen Liebe zwischen dem kleinen Samuel Steiner und seiner Betreuerin Johanna Goldberg. Samuels Schwester wurde von den Nazis ermordet, seine Eltern deportiert. Yann Andréa wird zu Yann Andréa Steiner, und nicht allein der gemeinsame Name drückt die mythische Verwandtschaft zu Samuel, dem ebenfalls viel jüngeren Geliebten, aus.
Duras' Erzählung von ihrer Liebe und der Angst darum schreitet mit dem Rhythmus der Wellen, des Windes und des Regens fort. Die Gespräche mit Yann führen zu einer weiteren Figur: Theodora Kats, eine in den Konzentrationslagern umgekommene junge Frau, deren Geschichte Duras nie hat aufschreiben können.
Mit unbeschreiblicher Sogwirkung verknüpft die Duras Fiktion und Realität und macht aus *Yann Andréa Steiner* eine literarische Liebeserklärung an den langjährigen Gefährten.

NF 272/1/10.00

Marguerite Duras

Die Schamlosen

Roman
Aus dem Französischen von Andrea Spingler
216 Seiten. Gebunden

»Dieses Buch brach aus mir heraus«, schrieb Marguerite Duras, 29jährig, als ihr erster Roman *Die Schamlosen* veröffentlicht wurde. In ihm sind konzentriert und ungestüm viele der Themen bereits angelegt, die vierzig Jahre später ihr Welterfolg *Der Liebhaber* variiert.
Jacques, der älteste Sohn, krimineller Spieler und Müßiggänger, dominiert seine Familie. Einzig Maud versucht sich seinem selbstsüchtigen Diktat zu entziehen. Sie soll der Familie aus Geldnöten helfen, indem sie einen vermögenden Bauernsohn heiratet. Doch Maud widersetzt sich den beklemmenden Erwartungen und folgt einem starken Gefühl für einen anderen Mann. Der Skandal ist perfekt.
Ein leidenschaftlicher Roman über die Tyrannei von Liebe und Hass, über Schuldgefühl und Manipulation, Abhängigkeit und Selbstbetrug – kurz: über die subtilen psychischen Grausamkeiten, wie sie nur im Hort der Familie stattfinden können.

NF 216/1/5.00

Linda Lê

Irre Reden

Roman
Aus dem Französischen von Brigitte Große
st 3137. 184 Seiten

Mutter und Sohn haben sich im erbitterten Zweikampf verhakt. Ätzender Hass und ein unstillbares Liebesbedürfnis binden sie aneinander. Sie, ein alterndes Luxusweibchen, exzentrisch, egomanisch, hypochondrisch, rächt sich an ihm für die Gleichgültigkeit seines Vaters ihr gegenüber. Er, ein Wurm, ein Rohrkrepierer, ist an den Rollstuhl gefesselt und von ihrem Tisch verbannt, weil sie in ihm den Ausdruck ihres Scheiterns sieht. Virtuos spielen beide auf der Klaviatur der Abhängigkeiten, entblößen und zerfleischen sich in Worten und Taten und ohne jedes Tabu. Ein sprachgewaltiger, kompromissloser Roman, der die Perversion familiärer Verletzungslust auf die Spitze treibt.

Linda Lê wurde 1963 in Südvietnam geboren und lebt heute in Frankreich.

NF 220/1/5.00

Frédérique Clémençon

Eine Gemeinheit

Roman
Aus dem Französischen von Andrea Spingler
146 Seiten. Gebunden

Sie reden schon lange nicht mehr miteinander, Mutter und Tochter, einzige Überlebende jenes Giftes namens Familie, eingeschlossen in dem viel zu großen Haus, in dem es nach Verwesung und Medikamenten stinkt, das niemand verlässt, es sei denn mit den Füßen voran.
Oft genug hat Edith die Klage ihrer Mutter gehört, der Litanei über das Unglück der elterlichen Ehe gelauscht, das noch vor der Hochzeit begann. Schon längst hat sie sich auf den Weg gemacht, ist unterwegs in einer Feen- und Ideenwelt, sie glaubt sich draußen, wo die Welt bunt, süß und lebendig ist.

Unerbittlich direkt und doch auch nicht ohne Zärtlichkeit erzählt Clémençon von Hass, Ekel und Seelendreck, wie sie in ihrer reinsten und gemeinsten Form von Generation zu Generation weitervererbt werden. –
Noch nie ist derart Niederträchtiges so unerschrocken erzählt worden.

Frédérique Clémençon wurde 1967 geboren und lebt in Paris. Für *Eine Gemeinheit,* ihren ersten Roman, erhielt sie 1998 den Preis der Robert-Walser-Stiftung in Biel.

NF 215/1/5.00

Vincent de Swarte

Der Leuchtturmmörder

Roman
Aus dem Französischen
von Hinrich Schmidt-Henkel
st 3125. 143 Seiten

Das Töten verfolgt Geoffroy Lefayen seit seiner Geburt. Seitdem ihm die Schuld am Tod seines Bruders zugewiesen wurde, bedeutet er für andere Lebewesen Vernichtung. Dabei will der schweigsame Hobbypräparator nichts anderes, als seine Angst vor dem Sterben zu überwinden. Zurückgezogen auf die Leuchtturminsel Cordouan versucht er, die Welt vor sich zu beschützen, doch die Welt sucht ihn immer wieder von sich aus auf.

Jedesmal, wenn Besuch vom Festland kommt, schließt er sich in seinem Turmzimmer ein und bewegt sich wie ein wildes Tier im Käfig. Ein junges englisches Paar, das seine Trauung im Leuchtturm plant, übersteht seinen Ausflug auf die Insel nicht lebend. Wie aus Versehen bringt Geoffroy die beiden um, denn sie haben etwas, was er nicht hat. Liebevoll präpariert er ihre Leichen, damit sie in der Ewigkeit vermählt sein können. Sie werden von nun an seine Gefährten sein. Erst Lise, der rothaarigen Ingenieurin vom Wasser- und Schifffahrtsamt, gelingt es, Geoffroy aus der Gewalt des Leuchtturms zu befreien, doch inzwischen ist er verantwortlich für den Tod von fünf Menschen …

NF 214/1/5.00